U0852715

阅

阅读成就思想……

Read to Achieve

聪明者学习系列

拉开
人生差距的
关键能力

[日] 永田丰志 ◎ 著

祝葵　史奇 ◎ 译　周正 ◎ 审译

トップ1%の
人だけが実践している
集中力メソッド

中国人民大学出版社

· 北京 ·

图书在版编目（C I P）数据
拉开人生差距的关键能力 / （日）永田丰志著 ; 祝葵，史奇译. -- 北京 : 中国人民大学出版社，2025. 9.
ISBN 978-7-300-34335-8
Ⅰ. B821-49
中国国家版本馆 CIP 数据核字第 2025V0U953 号

拉开人生差距的关键能力
［日］永田丰志 著
祝葵 史奇 译
周正 审译
LAKAI RENSHENG CHAJU DE GUANJIAN NENGLI

出版发行	中国人民大学出版社		
社　　址	北京中关村大街 31 号	**邮政编码**	100080
电　　话	010-62511242（总编室）		010-62511770（质管部）
	010-82501766（邮购部）		010-62514148（门市部）
	010-62511173（发行公司）		010-62515275（盗版举报）
网　　址	http：//www.crup.com.cn		
经　　销	新华书店		
印　　刷	天津中印联印务有限公司		
开　　本	890 mm×1240 mm　1/32	**版　　次**	2025 年 9 月第 1 版
印　　张	6　插页 1	**印　　次**	2025 年 9 月第 1 次印刷
字　　数	90 000	**定　　价**	59.90 元

同样是从呱呱坠地开始的人生，
到底是在哪里产生了差距呢？

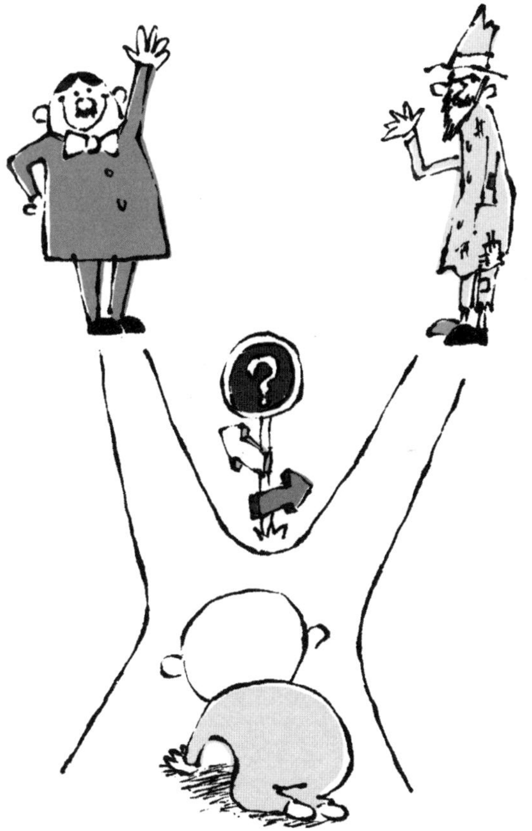

前 言

从呱呱坠地的那一刻起，每个人的人生都悄然拉开了帷幕。无论在什么样的环境中出生，那一刻的我们，都站在了同一条起跑线上。

然而，几十年后，人与人之间会拉开巨大的差距。有人获得了多家公司待遇优厚的工作邀请，也有人连一份稳定的工作都找不到；有人沉浸在工作之中，乐此不疲，也有人光是想到要上班就会感到身体不适；有人资产丰沛，也有人连信用卡账单都无力偿还……

这样的差距究竟从何而来？

难道导致差距的根源在于学历吗？本田宗一郎在小学毕

业后便投身汽车修理厂，开启了他的职业生涯；松下幸之助甚至在小学中途退学，从打磨火盆的学徒起步，逐步书写了商业传奇。时至今日，也有不少上市公司的掌舵人仅拥有高中学历。

难道导致差距的根源在于父母的经济状况吗？在美国，如果父母的年收入低于 15 万美元，便有资格申请低收入者奖学金。事实上，很多名牌大学的学生正是凭借这一制度获得了接受优质教育的机会。

难道是出生的时机和时代背景决定了命运吗？即便在被称作“就业冰河期”的艰难岁月里，仍有不少学生凭借自身努力获得多份录用通知，最终踏入了自己梦寐以求的公司。然而，在泡沫经济时期轻松入职的人，却有不少在后续的职业生涯中逐渐迷失了方向。

归根结底，这些理由不过是失败者在未能获得成功时的借口罢了。真正导致差距的“根源”，或许隐藏在别处。

那么，真正的原因究竟是什么呢？成功者与失败者之间，究竟存在哪些本质上的不同？而这些不同之处，是否可以通过后天的努力来弥补？对于像我这样似乎已经错过人生转折点的中年人而言，是否也能借助这些发现来扭转自己的命运？正是这些根本性的问题，促使我写了这本书。

在研究世界级企业创始人的成长经历，以及自20世纪初以来流传的幼儿教育方法的过程中，我偶然发现了上述问题的答案。

不妨先从结论说起。“它”是改变我们人生、引领我们走向成功的源泉，也是即便在成年后依然能够获得的一种能力。“它”绝非天赋，而是一种技能与技巧，任何人都可以通过后天的训练将其培养成习惯，进而掌握“它”。

本书将为你呈现发现这一答案的过程，其中包括基本的方法论（第1章）、成功人士的案例研究（第2章），以及我们自身可以逐步掌握的具体方法（第3章及后续章节）。这不是一本关于自我激励或空洞说教的书，而是一本可以让我们立即付诸实践的技巧指南。

如果你是孩子的父母，本书将为你带来关于“什么是真正重要的教育机会”的全新认知。

如果你是商业人士，本书将帮助你专注于真正重要的业务，进一步强化你的优势，并显著提升你的市场价值。

如果你是组织的领导者，本书将为你提供关键的启示，帮助你明确提升组织生产效率真正必要的因素，以及必须改变的事项。

人生永远不嫌迟。对你而言，最好的时机就是你决定去做一件事的那一刻。希望每位读者都能通过本书，找到那把扭转工作与人生的关键钥匙。

永田丰志

目 录

第 1 章 1% 顶级人才的通用法则

第 2 章　专注体验创造非凡成功

第 3 章　培养专注力的技巧

第 4 章　领导者塑造组织的专注氛围

第 1 章

1% 顶级人才的通用法则

针对幼儿的天才培养计划

在2012年底，我意识到一个重要的事实。那时我正在为上一部作品《1%的顶级人才的思考法则》做调查。

为了回答“那些不为人知的小企业究竟是通过怎样的契机实现突破的”这一问题，我收集了众多企业从初创阶段一跃成为世界级行业巨头的创业故事。通过对谷歌、亚马逊、戴森等知名企业在初创时期所面临的挑战以及实现突破的秘诀进行总结，我试图从中找出它们成功的共同点。

在这一过程中，我发现了一个令人意外的现象：孕育出伟大事业的真正源泉，并非创始人的经营战略或策略。相较于卓越的业务能力，创业者们的成长经历展现出了更为惊人的相似性。

那么，这种相似之处究竟是什么呢？它正是那些位于世界顶尖位置、位于金字塔尖 1% 的商业精英们所共同接受的一种幼儿教育。

杰出人才往往是名校毕业生群体，这一现象并不令人意外。日本的东京大学和京都大学堪称顶尖学府，美国的哈佛大学和斯坦福大学更是享誉全球。我们似乎早已对从这些名校走出、取得卓越成就的人才习以为常。

然而，若论及幼儿园或小学教育与日后“商业上的巨大成功”之间的联系，恐怕就不那么显而易见了。回顾自身的成长经历，我甚至已经记不清自己在幼儿园时所受的教育是何种模样。正因如此，我们往往倾向于认为，那些成功人士所接受的相似的基础教育，或许只是一种巧合，对其事业发展的实际作用较为有限。

事实并非如此，而且恰恰相反。当被问及自己成功的秘诀时，许多人明确表示，对他们影响最深的，正是幼年时期所接受的教育。例如，谷歌的两位创始人拉里·佩奇（Larry Page）和谢尔盖·布林（Sergey Brin）。他们创立了一家市值高达 2820 亿美元的企业，而他们均受益于同一教育项目。

这两个人在美国广播公司（ABC）旗下的电视台的特别节目中被主持人问道："成功的关键难道是因为父母是大学教授吗"？他们给出的答案大相径庭。

一个人回答说："其实和父母是大学教授毫无关系。是幼儿时期所接受的教育让我学会了独立思考，更为我养成主动做事的习惯打下了坚实基础。"另一个人则回答说："通过培养自己独立思考并做事情的能力，让我拥有了追求任何我感兴趣的东西的自由。"

正如美国广播公司旗下的电视台主持人所介绍的那样，拉里·佩奇出生于美国，其父母均为密歇根州立大学的教授；而谢尔盖·布林则是俄罗斯移民，其父母分别是马里兰大学的教授和美国宇航局的研究员。这两个人从小都接受了高水平的教育，这似乎是他们共同的成长背景。然而，真正推动他们带领谷歌不断创新的原因，却在于一个意想不到的共同点。

让我们简单回顾一下谷歌的诞生。拉里·佩奇和谢尔盖·布林是斯坦福大学计算机科学博士课程的同学。在斯坦福大学学习期间，他们参与了大学图书馆的电子化项目。佩奇和布林将从海量藏书中自动挑选优秀书籍的算法应用到了网页搜索中。这一创新思路最终促成了谷歌的诞生。

在当时的网络环境中，搜索引擎的精确度极低。即使输入关键词，也很难快速找到目标网站。这种低效的搜索体验，让人们愈发渴望高质量的搜索引擎。

在这个背景下，一个简单利落的搜索引擎问世了。它只在搜索界面显示公司商标和用于输入关键词的空白框。凭借“外部链接越多，搜索结果就越靠前”的独特算法，瞬间占领了搜索引擎市场的最大份额。

顺便说句题外话，英文单词“Googol”是 10 的 100 次方的意思，但是在服务导入初期进行域名注册时，因为拼写错误，阴差阳错写成了“Google”。尽管这两个人给人的印象是天才，但他们或许也有着超乎寻常的粗心大意。

这之后的故事便人人皆知了。除了中国和一部分地区以外，它是搜索引擎服务行业的标杆。在日本也拥有 88.5% 的市场份额（2012 年数据），堪称搜索引擎领域的领军者。

马克·扎克伯格和安妮·弗兰克的共同点

我们把话题转回到成功的根源上。这两位谷歌创始人的母校斯坦福大学距离硅谷很近，而硅谷又是众多 IT 初创企业的大本营，这样的环境对于大学生创业来说十分有利。也正是因为这个原因，我最开始只意识到两个人的共同之处是“斯坦福大学的天才”。

然而，当他们探寻自己成功的根源时，都将其归功于幼儿时期所接受的教育。而我理所当然地对他们所接受的这种共同的教育十分感兴趣。于是，我开始调查还有哪些人也接受过同样的教育。

随着调查的深入，我从好奇转为震惊。原来接受这种教育的创业者还有很多，而且他们都是响当当的大人物！比如亚马逊创始人杰夫·贝索斯、Facebook 创始人马克·扎克伯格、维基百科创始人吉米·威尔士等。

难道说美国有针对幼儿的创业者培训讲座？我不禁这样想到。而且，儿时接受了这种教育，长大后在世界范围内大放异彩的，并不仅限于企业家和经营者。还有很多人接受过这种教育，有政治家、学者、创作者、演员等。我们来看看其中的一小部分人：

- 美国总统巴拉克·奥巴马；
- 美国前国务卿希拉里·克林顿和前总统比尔·克林顿夫妇；
- 英国威廉王子和哈里王子；
- 知识巨人、管理学家彼得·德鲁克；
- 《华盛顿邮报》前老板、普利策奖获奖作家瑟琳·格雷厄姆；
- 《安妮日记》作者安妮·弗兰克；
- 诺贝尔文学奖获奖作家加布里埃尔·加西亚·马尔克斯；
- 游戏《模拟城市》创作者威尔·莱特；
- 奥斯卡获奖演员、政治家乔治·克鲁尼。

怎么样？他们活跃在商业、政治、科学、文学等诸多领域，都是各自领域顶尖的 1% 人才。谁能想到，他们竟然都接受过同一种教育方法？而这种教育方法的支持者，也无一不是重量级人物：

- 发明家、通用电气公司创始人托马斯·爱迪生；
- 印度独立之父“圣雄”甘地；
- 微软创始人比尔·盖茨；
- 第28任美国总统伍德罗·威尔逊。

所谓的名校哪里都有。在日本也有很多像庆应义塾小学这样因幼儿教育而备受欢迎的学校。但是，对于幼儿时期所在的地方和所处的时代都不同的这些名人来说，如果他们接受的是同一种教育方法的话……

我得到了答案。在这个教育方法之中，一定存在着“使才能开花结果的密钥”。

让世界范围内的知名人士以及成功人士纷纷表示，即便长大后，仍然对自己的成功带来极大影响的这种幼儿教育方法，便是蒙台梭利教育法。

能够改变孩子的蒙台梭利教育法到底是什么

蒙台梭利教育法是20世纪初意大利的首位女医生——玛利亚·蒙台梭利（Maria Montessori）在精神病院工作时

所设计出的幼儿教育方案。该方案以培养儿童的自主性与专注力为核心，借助专门设计的配套教具，助力儿童提升这些能力。

因一次偶然的观察，玛利亚·蒙台梭利发现了儿童自主学习的潜力，并由此创立了蒙台梭利教育法。

当时，有一对乞讨的母女出现在她的面前。当乞讨的母亲靠近时，蒙台梭利发现乞丐的女儿正兴致勃勃地摆弄掉在地上的邮票。

小姑娘忘记了周围的状况以及自己所处的贫困的环境，只是沉浸在她的“工作”之中。看到小姑娘挪动自己指尖时的专注表情，蒙台梭利突然意识到，通过专注于眼前的事物，儿童内在的某些东西正在发生巨大的改变。

从那以后，蒙台梭利开始研究专注对于儿童的神奇效果。她认为，通过培养儿童的专注，教育所出现的所有问题都将迎刃而解。蒙台梭利如此描述当时发现儿童身上的惊人规律时的情形：“我发现了幼儿脑内发生的事情中所隐藏的一个规律。而这个规律赋予了我们彻底解决教育难题的一把钥匙……它就是儿童的专注力。自从发现这一点后，我就开始仔细研究能让儿童专注的教具以及培养儿童专注力的环境。最终，我创造出了一套自己的教育方法。”①

随后，蒙台梭利致力于开发以及普及教育方法、教具，制订教师培养计划。蒙台梭利的教育法也迅速传遍了欧洲和美国。“专注”所带来的教育效果，跨越了时代和国境，改变了全世界的儿童。

安妮·弗兰克、彼得·德鲁克，以及美国的谷歌、亚马逊、Facebook、维基百科等互联网霸主的年轻创造者们，都接受过蒙台梭利教育法的洗礼。

这种教育方法，与儿童先天的素质、教育环境、父母的财力及学历都毫无关系，只要采用该方法，都能为未来的发展奠定成功基石。就连当时蒙台梭利所遇到的乞讨的女孩，如果接受这样的教育，或许她也能收获幸福的人生。

那么，蒙台梭利教育通过何种机制培养儿童的专注力？这种专注力会产生怎样的教育效果？如何促进儿童的认知和社会性发展呢？接受了蒙台梭利教育的名人，如企业家、政

① 参考《家庭与孩子》（*Family and Children*）一书。

治家、学者乃至艺术家，在诸多领域都取得了巨大成功。

在感受能力强的时期应该做的“工作”是什么

据说，出生后不久，动物会经历一个被称为“关键期”的时期。在这个时期，它们会对所处的环境变得敏感，同时学习重要的生存技能。而人类也会经历这样的时期。和处于关键期的动物一样，人类幼儿在 0 ~ 6 岁的时期被称为敏感期，这一时期幼儿的感受能力会得到大幅提升。具体表现为肢体和五官等感觉器官会变得十分敏锐，对语言、数字和秩序等（人类文明的产物）抱有强烈的好奇心。

因此，蒙台梭利教育法提倡在这一时期彻底做到以下几点。

- 让儿童自己去选择想做的“工作”。
- 让儿童沉浸在这份“工作”之中。
- 允许儿童将“工作”做到自己满意为止。

蒙台梭利教育法中所谓的“工作”指的是一连串琐碎的手工作业，比如用剪刀裁剪、根据大小和长度对东西进行排序、用胶水粘贴、用线缝制等。然而，老师不会推荐或者强迫儿童进行工作。只有在看到别人做这样的手工作业后，儿童表现出“我也要做”的意愿时，老师才会问出那句“你想试试吗”。

除此之外，在蒙台梭利教育中，老师不会通过生动的语言详细讲解各项工作的具体做法，而是通过逐一拆解每个动作的方式，来向儿童进行展示。为了掌握各个动作，儿童会全神贯注地观察老师的每个步骤，目光紧紧跟随老师。

在这个过程中，儿童会自己思考，为了接近老师所做的示范，他们会一遍又一遍地让四肢和指尖动起来，直到自己感到满意为止。

儿童把一个复杂的动作（当然，对于大人来说是相对简单的）拆解成一个又一个小的动作，将自己的动作和老师的示范动作进行对比。同时，认真地将这个模仿的过程贯彻到底。经过一段时间全神贯注地工作，儿童会在某一时刻突然回过神来，脸上流露出平静且充满成就感的表情，这意味着他们完成了自己的“工作”。在整个过程中，工作开始的时间和结束的时间，都是由他们自己决定的。而将自己的能力百分之百发挥出来的这段宝贵的体验，会成为记忆，深深地刻在他们的脑海之中。

从小建立逻辑思维的基础

通过这些手工作业，儿童究竟会收获什么呢？我认为，他们主要会收获三样东西。

第一，获得大脑发育所需的刺激。众所周知，四肢和指尖的精细动作与脑神经的发育密切相关。在哈佛大学教授阿尔瓦罗·帕斯夸尔－利昂（Alvaro Pascual-Leone）开展的一项实验中，被试先学习简单的钢琴曲，并进行了一整周的扎实练习，随后，帕斯夸尔－利昂教授对他们的大脑变化进行了研究。结果显示，与指尖相关联的大脑区域显著增大。

特别是在幼儿期这个阶段，让孩子们多使用五种感觉器官来活动身体，能够促进他们大脑的发育。而这也是玩具反斗城（全球最大的玩具及婴幼儿用品零售商）摆放着大量需要用到手指的益智玩具的原因。

蒙台梭利教育法尤其提倡儿童开展需要用到手指的工作。但是，这些工作并不是像弹奏钢琴这样高级别的工作，而是折、贴、剪、缝等相对基础的工作。

在尝试充分理解三维空间的过程中，将指尖活动与多个动作相结合的体验，能为大脑带来电视和网络等二维空间的学习无法给予的刺激。

如今，越来越多的家庭在孩子还很小的时候就给他们配备了智能手机和平板电脑。虽然让孩子在这些电子设备上看视频、玩益智小游戏等并非坏事，但是，仅凭在平面空间中单纯的手部动作（滑动或缩放等），是无法向至关重要的幼年期的大脑提供足够的刺激的。

平时喜欢玩平板电脑的孩子，在想要挪动真正的积木时，竟下意识地像滑动平板电脑屏幕那样，在积木前滑动手指。听到这样的事，实在让人哭笑不得。由此可见，在现实中学习复杂的手部动作是非常重要的。

第二，通过工作获得逻辑思维。时至今日，仍有部分商业人士认为逻辑思维是一种特别的技术或能力，然而事实并非如此。

逻辑思维的基础是按照一定的秩序来整理事物，即使面对复杂的问题也能进行分解并找出原因的能力。是一种通过对繁杂、碎片化的信息进行取舍和归纳，把问题简单化的能力。这种能力并不是成年后才能获得的特殊的思考技巧，而是孩子通过游戏就能够掌握的能力。

在蒙台梭利教育中，孩子们通过一系列精心设计的“工作”，逐步培养逻辑思维和数学意识。例如，他们会细致地将物体按大小和种类分类，专注收集同类物品，还会通过比较物体的大小、长度，把不同物品组合成新的整体。这些活动不仅富有教育意义，还涵盖了“分解”“分类”“比较”“整合”等关键的逻辑思维要素，为孩子们的数学思维发展奠定了坚实的基础。

第三，获得自律和专注的能力。这正是本书的主题，我认为这也是将蒙台梭利教育的效果发挥到最大化的关键所在。

如前所述，蒙台梭利教育给予儿童的成长机会，体现在三个递进环节：首先鼓励儿童自主选择想做的“工作”，其次引导他们沉浸在这份“工作”中，最后支持他们把“工作”做到自己感到满意为止。这也是自主选择、专注投入、坚持到底的过程。在这个过程中培养的“自律”和“专注”的能力，与日后的成功密切相关。

无论未来选择什么样的道路，这些儿童比竞争对手更容易获得成功的秘诀，恰恰就在于这项能力。

那么自律和专注到底能给我们带来什么呢？

让我们来看一看蒙台梭利教育所带来的影响吧。

自律和专注对儿童的影响

蒙台梭利教育十分重视儿童“想做”以及“想完成”这样的自主性。他们并不是拼命完成被布置的任务，而是从自主选择出发，自然而然地沉浸其中。儿童在这段专注的时间里，是一种什么样的状态呢？

亚马逊的创始人——杰夫·贝索斯是蒙台梭利小学的毕业生。他说自己埋头工作的时候完全注意不到其他的事情。贝索斯的班主任说，由于贝索斯的注意力高度集中，以至于换座位时，都是将他连同椅子一起挪动。

显然，这是一种“由强烈的内在动机驱使，全神贯注地解决问题”的状态。在心理学领域，这种状态被称为“心流体验”。

正如“狗急跳墙、人急悬梁”所说的一样，人在全神贯注时，可以发挥出平时所看不到的强大力量。当生命受到威胁，或是具备特定条件时，我们的身体里就会爆发出不可思议的力量，进而创造奇迹。这种力量潜藏在我们的身体之中，但在日常生活中，我们却极少能达到如此高度专注的状态。

然而，即使不在紧急情况之下，只要我们平时能将全部的精力集中在一件事情上，这种专注力便会成为非常重要的技能。那些在儿童时期，能够全身心投入到剪布、缝补、排列小石子等“工作”中的儿童，长大后在学习、运动、经商等需要高度专注的领域，往往能够做到心无旁骛。而他们在各个领域都能脱颖而出的秘诀，或许正是源于这种从小就培养出的专注力。

反之，如果家长和老师强迫儿童去学习或者参加兴趣班，由于这并不是他们自愿参加的，以至于他们难以发现其中的乐趣，也就无法集中注意力，最终只会白白浪费宝贵的成长机会。

实际上，接受过蒙台梭利教育的儿童会在之后的日子里发挥出令他们父母惊讶的自律性和专注力，并茁壮成长。在日本蒙台梭利教育第一人——相良敦子女士的著作《接受蒙台梭利教育的儿童们：幼儿的经验与大脑》中，总结了接受过蒙台梭利教育的儿童所发生的变化。例如，从这些儿童的身上，我们能够看到以下特点。

自主地进行学习或者运动。即使父母没有要求他们去做，他们也倾向于自己主动去参与某项活动。当因社团活动或其他活动过于繁忙而没有充足的学习时间时，他们会发挥自己的专注力，以求在学业与课外活动之间取得平衡。

自己制定目标、自己制订计划并执行。他们会按照自己的想法制定升学或者找工作的目标，收集相关信息。如果实力和目标有差距，就制订计划去弥补不足，并脚踏实地地去努力。

不受环境影响。他们能够坚持自己的想法，不会被环境所左右。

沉着冷静、逻辑性强。他们不会感情用事，总能保持冷静，倾向于进行逻辑思考。同时，他们富有创造力，不仅能够自己创造新事物，还会为解决问题坚持不懈地探索创新之道。

这不正是我们所说的“别人家的孩子”吗？而这些特点也是金字塔尖 1% 的成功者们所共同具备的素养。对于凭借自己的创意获得成功的企业家、打破传统观念的艺术家、需要不断努力的职业运动员来说，这些素养是迈向成功所不可或缺的因素。

在社会上生存，需要逻辑能力、创新能力、数学能力等各种各样的专业能力。然而，在所有的能力中，如果问我最为核心的能力组合是什么，我会笃定地回答是自律与专注。对于每个人来说，这两种能力都是打开成功之门的关键钥匙。

第一把钥匙：点燃动力的引擎

接受蒙台梭利教育的儿童，之所以能够展现出我前面所说的专注力，是因为他们自主选择了专注的对象。正因为这是自己做出的选择，才能够点燃“动力（内在动机）”的引擎。

多项实验表明，当人们进行自主选择、不被外部的报酬或者强迫所影响时，他们会更有动力，产出的结果质量也更高。

例如，1969 年，美国卡内基梅隆大学的心理学家爱德华·L. 德西（Edward L. Deci）使用解谜游戏进行了一个著名的实验。他将参与解谜的被试分为两组：其中一组被告知，若解谜成功每个人将得到 1 美元的报酬；另一组则未收到任何奖励提示，德西希望借此让他们去享受解谜本身所带来的乐趣。

在解谜进行约 30 分钟后，德西告诉所有人可以休息。借此机会，他通过魔术镜观察被试在没有报酬因素干扰的自由时间里都在做些什么。

实验结果显示，那些被告知解谜成功将获得报酬的参与者，在自由时间里开始对与解谜无关的活动表现出兴趣，例如阅读杂志。对他们而言，解谜等同于报酬，一旦没有了报酬，他们对解谜本身的兴趣也随之消退。与之形成鲜明对比的是，那些未被设定报酬的被试，即便在休息时间，也依然会全神贯注地投入到了解谜活动中。

除此之外，用惩罚代替金钱报酬的实验，也得出了相同的结果。当被试得知解谜失败将受到惩罚时，与得知解谜成功将获得金钱报酬时一样，其对解谜的动力也有所下降。同样，在两人一组，以战胜对方为目标的实验场景中，也得到了一样的结果。竞争意识最终同样对被试的动力产生了消极影响。

也就是说，取得成果后将获得报酬、未能取得成果将受到惩罚、在竞争中获胜就等于取得成果等这些外界的控制，会让原本让人感到快乐的解谜活动，转变为必须要去做的工作，进而对人的内在动机产生消极影响。

那么，动力低下会影响成果的质量吗？

在完成上述实验之后，德西又以大学生为实验对象，研究了外界的控制对学习成绩产生的影响。

这次实验和解谜实验一样，也把被试分为两组。第一组被试事先得知学习结束后将进行考试，随后他们开展三小时的神经生理学学习；另一组被试则被告知，学习完成后需要把所学内容进行分享和讲解。

与之前的实验一样，这个实验也是通过调查问卷测试被试的内在动机。测试结果显示，被告知学习后要进行考试的那一组被试的动力更低。

而且，被告知学习后需参加考试的被试，对学习内容的理解程度，远低于以向他人讲解为目标进行学习的另一组被试。

也就是说，对成果进行评价、为了战胜他人而进行的竞争等，这些我们一直相信能够激励我们的因素，不仅会削弱我们的干劲，还会给成果本身带来巨大的负面影响。

基于成果的奖励机制、与他人的竞争模式，以及成绩评价体系，在我们的生活中已经十分普遍。当然，达成工作业绩目标、通过入学考试和资格考试、取得优异成绩等，这些事情本身并不是坏事。然而关键在于，需要去完成的事情应该由“自己”来选择，而不是听“别人”说该去做什么。

通过一系列实验，爱德华·德西将激励干劲的方法系统归纳为“自我决定理论”（self-determination theory，SDT）。该理论指出，除自主性（autonomy）外，胜任感（competence，相信自己能够做到的信心）和归属感（relatedness，与他人建立联结所带来的安全感）同样重要，如图 1–1 所示。当这三种人类基本的心理需求得到满足时，个体的内在动机将被充分激发。

图 1–1 激发干劲的自我决定理论（SDT）

自我决定理论是心理学家爱德华·德西对产生内在动机，也就是所谓的动力所需的因素所进行的一个总结。

德西认为，内在动机是基于自己的价值观所采取的自主性的行动，是在拥有相信自己可以做到的胜任感、并感受到与他人建立起情感联结时所产生的动力。与之形成鲜明对比的是，实验表明，来自外界的报酬、激励措施以及同他人的竞争会降低人的内在动机。由内在动机驱动的行为不仅在成果质量上更具优势，相比依赖外部奖励的行为，也更具可持续性。

第二把钥匙：专注的体验带来的幸福感

在挖掘个人能力的过程中，除了自律，专注同样是不可或缺的关键要素。凭借强大的专注力，即便面对极其复杂的难题，我们也能够将其拆解剖析，进而找到解决问题的办法。

美国心理学家、芝加哥大学心理学教授米哈里·契克森米哈赖（Mihaly Csikszentmihalyi）出生于匈牙利，他是首位提出“专注于一件事能够给人带来巨大的幸福感”这一观点的人。

他采用经验抽样法（experience sampling method，ESM）开展实验。他要求所有被试在一周内随身携带传呼机，并将传呼机设置成一天随机响铃八次。每当传呼机响起时，被试需要将当时“正在干什么”以及“是怎样的心情”写在一张专用的纸上。

米哈里通过实验发现，当人们全神贯注、全身心投入某件事情时，那一瞬间的幸福感会大幅增加，自身能力也会显著提升。基于此，米哈里将为了实现所设定的目标而把自己所拥有的内在能量全部都释放出来的状态，定义为“心流体验”。

心流可以理解为一种流动，当全身心投入眼前目标并积极行动时，人们会感到十分充实，对时间的感知也会发生扭曲，感觉自己仿佛正在被缓慢的时间流动所包围。

心流是指一种将注意力专注在活动的目标上的状态。在那一瞬间，人的能力会得到提升，对自己的成长感到满足，并被莫大的幸福感所包围。如果把因为各种各样的琐事而心烦意乱、漫无目的地浪费时间的状态称为“心灵的混乱”，那么心流则是让心灵高度凝聚于一点的有序境界。在体育界，这种状态有时也被称为“进入了巅峰状态”。除此以外，还有“巅峰体验”和“最佳体验”等叫法，它们都是和心流一样的概念。

短暂的幸福感可以通过满足生理需求来实现。当人体血糖下降时，我们会自然产生进食的欲望；在睡眠不足或生物钟被打乱时，我们会感到困倦并渴望睡眠；面对性感的异性时，我们会有生理反应。这些食欲、睡眠欲和性欲，均是由基因程序所驱动的本能需求和欲望。并且，在这些欲望得到满足的瞬间，人们能强烈地体验到它们所带来的愉悦感受。

然而，即便这些生理需求得到了满足，持续获得满足感依旧是不现实的。因此，人们会逐渐渴望满足更多的欲望，进而陷入永无止境的欲望循环。

然而，当你为了实现自己设定的宏伟目标而付诸行动、倾注满腔热情时，尽管过程未必轻松，但最终完成之际，你会被从内心涌出的难以言喻的成就感和幸福感所深深包围。同时，你也会发现与过去相比，自己已然蜕变为一个截然不同的存在。

这种幸福感，会在之后的很长一段时间里都伴随着我们。即便处于痛苦之中，我们的内心依旧渴望再次体会那种幸福与成就的感觉，这种强烈的愿望会推动我们全身心地投入到实现下一个更高的目标的奋斗中。

在心流状态下，日常生活中那些可能扰乱心智的烦恼将被有效隔离，从而使个体能够全身心投入到当前正在专注的事务中。这是一种专注于现在和眼前的状态，全身心都被充分调动，与过去或未来完全无关。

当职业棒球选手踏入击球区、职业棋手直面棋盘、攀岩者奋力攀登高峰、小提琴家在比赛中倾情演奏、产品开发人员精心设计样品时，周围的喧嚣与个人私事的忧虑都会瞬间消散，他们所有的注意力都会高度集中在当前所从事的工作或事务上。当人们感觉到能够完全控制自己的意识时，会感到无比的幸福，并会想要进一步追寻这种感受。

难易度与能力的完美平衡

这些美妙的心流体验会在什么时候发生呢？关于激发心流体验的条件，契克森米哈赖列举了以下几点。

- 相对于自身当前能力而言，设定的目标应既具挑战性，又具有一定复杂度。
- 规则清晰且可获取反馈。
- 凝聚内在力量，精准付诸行动。

也就是说，实现目标的难易度与现有能力之间的平衡，正是创造心流体验的关键所在。

若设定的目标过于简单，即便达成目标，也难以激发人们内心的喜悦；若目标过于单一，在反复实践后，人们难免会感到乏味。另一方面，若目标难度过高或规则界定不清，人们在执行过程中缺乏明确的进展反馈，同样无法引发心流体验。

换句话说，当人们专注于那些不知是否能达成、处于能力边缘的目标时，在达成时获得的那种恍惚感，正是激发心流状态的最佳方式。在工作中设定此类目标同样至关重要。图 1–2 展示了引发心流所需的目标难易度与能力之间的平衡。目标难易度和能力的平衡会激发不可思议的专注体验，即心流体验。

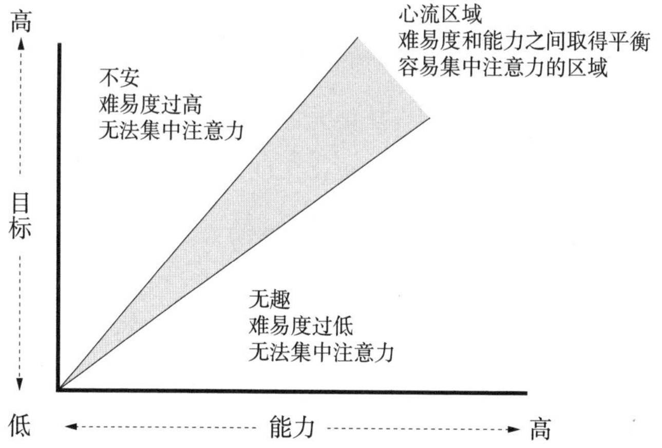

图 1–2　目标难易度与能力的平衡

心流体验由心理学家米哈里·契克森米哈赖提出，指的是人在注意力高度集中时所感受到的充实与幸福。这一体验常被描述为“巅峰体验”或“进入巅峰状态”等多种形式。

心流体验发生在规则明确、所从事活动能够获得及时反馈、挑战目标的难易度与个人能力之间达到完美平衡之时。若难易度过低，人们会逐渐感到无趣；若难易度过高，人们则会因不确定自己能否胜任而感到不安，进而难以集中注意力。因此，激发心流体验的关键在于图 1-2 中所示的“心流区域”，即随着能力的提升，逐步增加挑战的难度。

我在上文提到的蒙台梭利教育，其实就是幼年时期的心流体验。每当儿童全神贯注地完成一项艰巨的目标后，他们心中会涌现出“难以言喻的喜悦（即幸福感）”。此外，他们还会获得挑战下一个更高难度目标的动力。

随着时间的推移，儿童会将注意力逐渐转向体育、阅读、乐器演奏等活动。由于他们能够自如地掌控自己的意识，往往能在热爱的运动中脱颖而出，在钢琴比赛中赢得观众的喝彩，甚至在父母未施加学习压力的情况下，也能成功考入名校。

随后，当他们步入社会，便能够将注意力集中在工作上。我认为，接受过蒙台梭利教育的人之所以能在商业生涯中取得成功，关键在于他们能够根据需求，将注意力精准聚焦于自身目标。

另一方面，对子女教育满怀热情的父母往往对早期教育情有独钟。他们极为重视孩子在 0 ~ 3 岁期间所能接触到的多元信息。从孩子的幼年时期起，便积极鼓励其学习心算、英语、音乐等科目，旨在让孩子尽早熟悉英语、掌握基础学习技能，以便他们在入学后不至于像自己当年那样感到吃力。

然而，在外力的驱动下强行输入信息，这种做法很难让儿童体验到心流状态。在幼年期，最为关键的不是做什么，而是如何去做。问题的核心并不在于选择学英语还是学打算盘，而在于能否全身心投入并从中获得乐趣。只有当儿童自己渴望参与并投身其中时，才能将这把专注力之箭变为自己的武器。

一旦儿童自行领悟到集中精神、细致观察、认真执行是获取成就感、喜悦及回报的唯一途径，那么可以说，他的人生已然有一半得到了坚实的保障。能够意识到这一点的人，无论目标是什么，都能一直坚持到成功为止。

专注力养成术对于成人也奏效吗

如果过度强调幼儿教育的重要性，可能会引发“成年后再努力也是徒劳”的疑问。许多关于儿童教育的书籍中写道：“3 岁以内是胜负的关键。”我们常说“江山易改，本性难移”，那么 4 岁之后的教育就毫无意义了吗？

在撰写这本书时，我已经 47 岁，是不是太迟了？事实并非如此。即便在成年后，大脑仍能通过学习不断成长。

可塑性是大脑的特点之一，这意味着我们在处理事情时，大脑的构造和处理模式会发生变化。并且，这种可塑性会伴随我们的一生。也就是说，即使在成年之后，我们的大脑结构也是在不断变化的。以下是一些令人震惊的实验结果。

大脑中有一个被称为视觉皮层的区域，它负责处理眼睛所接收的视觉信息。然而，天生失明者由于缺乏视觉输入，其视觉皮层通常处于非活跃状态。那么，当他们学习盲文时，大脑会发生怎样的变化？世界著名脑神经学家理查德·J. 戴维森（Richard J. Davidson）通过实验发现，在阅读盲文的过程中，原本不活跃的视觉皮层会被激活，转而参与盲文信息在大脑中的处理工作。

失聪者的听觉皮层通常处于非活跃状态。但实际上，聋哑人在观察外界事物时，其听觉皮层也会参与信息处理。由于没有听力输入，听觉皮层失去了它原本的工作，转而寻找新的用武之地。我认为，这也证明无论处于何种状态，大脑结构都具备可塑性。大脑构造本身是可以被人为改变的。

另外，有时我们会听到“随着年龄的增长，大脑的神经细胞（即神经元）会逐渐减少”的观点。实际上，神经细胞的数量在幼儿时期是最多的，随后确实会逐渐减少，这是不争的事实。

神经细胞是构成大脑的基本单位。每个神经细胞都有一个名为突触的突起结构，神经细胞通过突触与其他神经细胞进行信息传递与交互，众多神经细胞由此相互连接，最终形成神经网络。如果神经细胞的数量减少，人们往往会感觉智慧的源泉也随之枯竭，这似乎构成了一个严重的问题。

然而，大脑神经细胞数量的减少绝不意味着能力的下降。

成年后神经细胞的减少，是通过淘汰多余的神经细胞，进而提升处理效率。这就像森林中的“疏伐”策略，为了使目标树木茁壮成长，通过砍伐其他树木来确保阳光和养分的充足供应。

即便拥有高度人工智能的计算机，其最初设计的电路在物理层面也不会发生改变。然而，大脑具有可塑性，为了提升效率，其结构会进行相应的调整，并具备在出现故障时自我修复的能力。

我想再次重申，真的没有太晚这回事。不论几岁，我们的大脑始终具备持续发展的潜力。

造就 1% 顶级人才的“专注力螺旋”

工作、家庭、兴趣等各个方面想要有所成就，都离不开多种多样的能力支撑。而任何能力的培养，都是从专注开始的。即使具备非凡的逻辑思考能力的商业人士，如果不能专注于需要解决的问题，也无法找到最佳的解决方案；即使拥有令人艳羡的创造力的艺术家，倘若他们无法聚焦主题、充分挖掘自身潜力，那么也难以创作出优秀的作品。专注力是充分发挥个人能力的关键基础。反过来说，那些能够凭借专注力完全驾驭自身意识的人，往往也能在未来更加自如地掌握各类知识与技能。

如果你正被“难以取得成果”“无法获得成长”“缺乏实现目标的动力”等情形所困扰，那么解决这些问题的首要步骤，就是应当学会专注于单一事务，而非单纯依靠一些速成的智能辅助技巧。

我认为，充分利用专注带来的涟漪效应、成就感，以及渴望实现下一个目标的强大动力（内在动机），是引导一个人的职业乃至人生走向成功的“金字塔尖 1% 的成功引擎”。为了提高成功引擎的转速，激发其动力，我们需要巧妙地将蒙台梭利教育和心流概念中的“专注体验”融入其中。接下来，我要介绍的“专注力螺旋”，总结了在工作和学习中运用专注过程的要点。

专注力螺旋是通过以下四个阶段来实现扩大和增强的。

- 第一阶段：发现挑战的机会。
- 第二阶段：自主及专注的体验。
- 第三阶段：实现目标后所带来的幸福感。

- 第四阶段：内心和技能的成长。

这四个阶段完成后，我们将在更高层次上重新开始循环。专注过程就像在爬螺旋阶梯，一步一个台阶，虽然缓慢，但确确实实是在上升的。一个人一旦实现了身体和精神的成长，便能获得挑战更高层次、更复杂问题的契机。

通过不断循环这四个阶段，持续提升个人能力，一个人的水平将实现质的飞跃，取得显著成果，最终迈向成功，如图 1–3 所示。

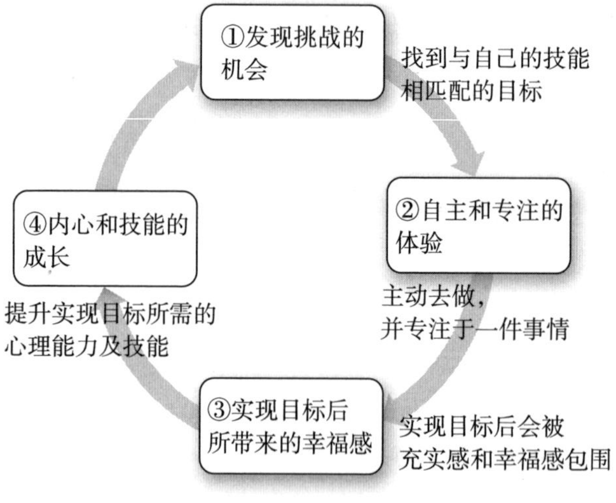

图 1–3　持续实现目标的黄金循环
专注力螺旋

人生的成功，源于专业技能的精进与精神层面的成长。然而，要怎样才能获得它们呢？

接受蒙台梭利教育的儿童并没有被传授特别的技能。他们所做的只是自己主动寻找挑战的对象，并埋头于此而已。当他们保持高度专注并成功实现目标时，内心将充满成就感和幸福感。如此一来，他们便能获得自信，并获得更强大的动力去迎接新的挑战。只要不断地重复“发现挑战的机会、自主及专注的体验、体会实现目标所带来的幸福感、获得内心和技能的成长”这四个阶段，不论什么目标，都能实现。

第一阶段：发现挑战的机会

无论什么目标，如果完全没有实现的希望，人们便不会产生挑战的动力。反之，如果事先知道自己一定能实现这个目标，同样也不会激发挑战的动力。

对于正在成长中的个人或组织而言，设定那些通过发挥现有能力或许能够实现，但无法确保必然达成的目标，才是理想的选择。这一理念与契克森米哈赖所倡导的激发心流理论相契合，即须在能力与目标难易度之间保持适度平衡。

此外，我们应尽量主动地设定目标。当然，有些目标是由外部因素决定的，例如公司的销售额、利润和生产量等。

然而，我们不应仅把外界设定的目标当作个人目标，而应将这些外界目标细化并转化为实现最终目标的中间步骤、拆解为日常行动的具体目标，以及当下可达成的小目标。当人们主动参与目标的设定时，其主人翁意识将显著增强，实现目标的意愿也会变得格外强烈。

明确的规则与反馈，不仅是激发心流不可或缺的条件，也是创造挑战机会的关键要素。假设你正在参加一场网球比赛。哪一方将从哪条线上发球？球落在哪里算界内，落在哪里算界外？正是因为这些规则在赛前已明确设定，你才能据此制定出有效的比赛策略。

此外，通过追踪球与球拍撞击瞬间的手感、球的轨迹，我们可以知道手感与击球结果之间的关系。只要重复这些步骤，就能不断地修正击球的动作。

我们之所以能够充分发挥自己的专注力和创造性，正是因为这些规则和限制条件的存在。什么都可以做的环境似乎是非常理想的，但是在没有任何规则或者条件的情况下，想要发挥自己的能力却是很困难的。在工作中，正是因为受到预算和交货期限等条件的限制，我们才会进行改进和创新。

第二阶段：自主和专注的体验

为什么我们在挑战目标时需要全神贯注呢？这是因为一个人在同一时间内处理事情的能力是有限的。

如果把人比作计算机，那我们便是内存有限、但硬盘空间充足的一类计算机。这里所说的内存，如同同一时刻可用于工作的办公桌的面积：内存越大，你便拥有越多的空间来存放物品，从而更高效地工作。这种内存被称为“工作记忆”（即短期记忆）。另一方面，硬盘空间就如同仓库的容量，长时间存储不需要的物品和已完成的工作。因此，硬盘空间常被比喻为“长期记忆”。

对于人类而言，只要能够将信息存入长期记忆的“盒子”中，便能够保留相当多的信息。然而，在运用工作记忆时，我们能够同时处理的信息量却相对有限。无法记住平时不使用的电话号码，即便记住了也很快会忘记，这就是典型的工作记忆的问题。

例如，人一次能够记住的一串随机数字大约是 5～9 个。这串数字被称为“魔法数字 7±2”。

由于工作记忆的容量有限，当我们同时处理多项任务时，分配给每项任务的容量就会相应减少，这通常会导致我们无法实现预期目标，甚至遗漏关键信息。

将注意力集中于当前正在进行的任务，能够将信息与深刻的体验一同存储至长期记忆。若希望在有限的时间内高效地积累知识与技能，关键在于始终如一地聚焦于一个目标。如果试图同时做很多事情，就会陷入“捡了芝麻丢了西瓜”的困境，最终一事无成。

第三阶段：实现目标所带来的幸福感

对工作和生活充满兴趣而且每天都干劲十足的人，他们的眼睛会闪闪发光。这是因为从他们的大脑后部到前额叶的神经束被激活了，各种神经递质（大脑激素）在这里得到了释放。

其中，多巴胺就是一个典型的例子。这种神经递质常常被称为“快乐激素”，当它被释放时，我们会体验到快乐、兴奋以及达成目标后的满足感。正是这种愉悦感驱使我们去追求更多的快乐，进而释放更多的多巴胺。于是，我们渴望去做更多的事情，付出更多的努力。

对我而言，写书是一项颇具挑战的任务，写一本书大约需要半年的时间。因为工作日我需要经营公司，所以如果不利用节假日埋头写作，书是写不出来的。

有时为了写出几行字，我不得不花几个小时去阅读参考文献。我还因为过度使用键盘打字而患上了严重的腱鞘炎。由此可见，若无法保持高昂的创作热情，是很难一边经营公司一边写作的。

即便如此，我仍坚持写作。我这么做，是因为我想再次体验自己的作品出版后，拿在手里时，以及看到书店新书区陈列着自己的作品时的那种难以言喻的幸福感。也正是因为这种幸福感，我的心中萌生出“再写一本”的想法。

“我想要做更多”的感受会让人主动去寻求新的挑战。然而，如果挑战的难度过低，或者缺乏变化，便难以激发多巴胺的快速释放。因此，在选择挑战目标时，要选择自己之前从未体验过的新事物，并将标准定得比自己的能力略高一些。

第四阶段：肉体和精神的成长

即便具备几乎相同学习能力的两个人进入同一家公司，他们之后的职业生涯也可能会有很大的不同。

1988 年大学毕业后，我加入了以人才辈出而闻名的瑞可利集团。当时，这个公司正在进行传说中的“千人招聘”。1000 个人的前途，自然各不相同。由于我在离职后仍担任同期社友会的干事，所以有机会了解在同一时期进入公司的同伴们后来的发展情况。

在这些人中，有留在瑞可利集团或者关联公司并成为董事长的人，也有自己创业取得成功的人，还有发现了自己应该去做的事情而在前进道路上闪闪发光的人；反之，有人虽然毕业于名牌大学，并获得了极佳的成长机会，却陷入了原地踏步的状态。

我向公司员工反复强调的核心事项就是“成长”。学生时代所学的知识和技能在商业中其实并没有多少用处，进入公司的新人基本都站在同一条起跑线上。

而且，漫长的职业生涯就像一场马拉松，只在某一阶段拼命冲刺是毫无意义的。只有朝着长远的目标不断前进，才能有所成就。在这场马拉松中，并不存在其他竞争对手，唯一的对手就是自己。

在和自己战斗的过程中所取得的每一次进步，都是成长。所以，哪怕只是 1% 的进步，也值得被认可与珍视。关键在于，我们要在日复一日的生活中，持续在技能、知识、思维、体力等任一维度实现细微突破，让今天的自己比昨天更优秀。

成长遵循复利法则。每天都能切实进步一点点的人，与偶尔实现跨越式成长却缺乏连贯性的人，在人生这场马拉松中展开角逐时，最后的差距往往令人吃惊。若每日能实现 1% 的进步，历经 365 天，水平将提升至原来的 37 倍。持之以恒 20 年，提升幅度可达 755 倍。正如日语中的“改善”（カイゼン）作为丰田及其他日本制造商的“高生产率的秘密”闻名于世一样，个人成长也需要长远视角，将持续改善内化为日常自我提升准则。

在下一章中，我将介绍金字塔尖 1% 的顶尖成功人士们所特有的“专注体验”。他们是如何培养专注力的？专注力又给他们带来了怎样的影响？那把神秘的钥匙似乎就藏在这些成功人士的成长经历之中。

“体育系”气质的毕业生在面试中会有优势吗

据说，在招聘应届毕业生时，体育社团的学生很受欢迎，甚至出现了专门介绍体育社团团长的人才中介公司。

我正在经营的公司每年也会招聘应届毕业生。在迄今为止招到的这些员工中，确实有很多人活跃在棒球、篮球、冲浪、手球、滑雪等各种各样的体育社团之中。这些人在进入公司后确实成长得很快，不少人年纪轻轻就已经进入了管理层。从这个意义上来说，我认为积极招聘具有体育社团经验的学生并没有问题。

那么，究竟是什么原因使得有体育社团经验的学生在步入社会后依然能够保持不懈的努力呢？关于这个问题众说纷纭。有人认为这应归功于在严格的前后辈和上下级关系中培养出的素养，也有人觉得这是因为通过艰苦训练所获得的精力、体力和毅力，还有观点认为这源于团队合作中培养出的沟通能力。

然而，在撰写这本书的过程中，我找到了答案。体育社团的成员们每天都在进行“专注体验”，我认为这正是关键所在。

如果在训练过程中缺乏专注，受伤的可能性会大大增加；如果在比赛中缺乏专注，则会导致惨败。尤其在团队运动中，除了要专注于当前的动作，还需时刻关注队伍的整体动向。

此外，在专注的前后通过拉伸来放松身体、舒缓情绪，养成这种专注与放松状态切换的习惯同样至关重要。我认为，这也是具有体育社团经验的人在进入社会后能够大显身手的优势之一。

当然，除了运动以外，还有很多其他的事情需要保持高度的专注，如演奏乐器、学习、备考、绘画、将棋[①]等智力游戏。我认为，与其关注这个人是否拥有

① 一种日本传统棋类游戏，类似于中国象棋和国际象棋。——译者注

体育社团的经验，更应该关注的是其过往人生中，究竟积累了多少次成功启动专注模式的经验。懂得如何启动专注模式开关的人，即便需要专注的对象转变为工作，也能游刃有余地应对。即使略显笨拙或经验有所欠缺，专注力也会像施了魔法一样弥补这些不足，并带来更出色的成果。

找工作不顺利的人不妨回顾一下自己过往的专注经历。与为面试而准备的表面化对话内容相比，深入挖掘这些经历更能凸显个人优势，从而增强对真实自我的信心。

第 2 章

专注体验创造非凡成功

在本章中，我将分享几个通过专注体验在未来取得成功的故事。我所介绍的成功人士之中，既有接受了蒙台梭利教育的人，也有没接受过这种教育的人。但是，他们都有一个共同点，那就是从小就养成了通过自律和专注来实现自己的目标的习惯。而且，即便成年以后，这个习惯依然继续推动他们在商业领域取得了成功。

在本章中，每一个故事的开头都设置了一个简单的问题，答案并非只有一个。请你务必独立思考，在独立思考的基础上再阅读正文，这样应该能更深刻地领会文意。

如何召集最强大脑

在谷歌还处于起步阶段，财务状况并不宽裕时，采用了哪些方法成功招募到知名企业的研究员或具有大学教授水平的卓越工程师？

A. 优秀的人在自己擅长的领域中不想输给别人的心情是很强烈的。因此，谷歌向他们提出了高难度的课题，来满足他们的自尊心和好奇心。

B. 将自主运营项目的权力交给了这些优秀的人才。因为即便在薪酬优厚的公司工作，如果最终仍需听从他人指令，便无法产生更大的动力。

C. 优秀人才往往会收到其他知名企业的邀请，与这些企业相比，谷歌在待遇方面毫无优势，因此谷歌为他们提供了大量的股票期权。

众所周知，谷歌的企业文化以打破常规著称。

以工作环境为例，其外观与其说是办公室，倒不如说更像一间学生宿舍。走入其中，我们会感受到这是一个充满了自由氛围的、温馨而有趣的空间。

在谷歌的办公室内，随处可见普通公司少见的事物。这里有随时提供免费小吃和零食的自助餐厅，内部配备冰箱、浓缩咖啡机以及微型厨房。

此外，办公室里还有像帐篷一样的会议室、宇航服、游戏用品，以及角落里堆积如山的光秃秃的服务器。整个办公室就像一个被弄翻的玩具箱，在这里你可以看到坐在平衡球上工作的工程师，还有人穿着旱冰鞋潇洒地穿梭其中。

这样的景象，自谷歌创立以来就从来没有变过。

传统的经营者看到这般景象可能会惊呼“工作可不是游戏”！确实，按照一般的管理理念或对工作生活平衡的理解，如果在公司还有时间玩游戏，倒不如把精力放在工作上，然后早点回家，在家尽情享受游戏带来的快乐。

但是，谷歌并不这么认为。

因为谷歌从一开始就没有考虑过管理员工的工作时间以

及工作方式。谷歌提倡的公司文化是让员工自己找到应该去做的事情，并且试图去解决这些问题。这是为什么呢？

谷歌创始人拉里·佩奇和谢尔盖·布林相信，为了使谷歌取得成功，他们需要不断地召集世界上最顶尖的大脑。这些人不仅要有大学教授或者微软研究所人员的专业头脑，还要有想改变世界的野心。

从某种意义上来说，这是在试图招聘像两个创始人一样具有“谷歌风格”的人。在公司成立初期，谷歌的薪资待遇和知名度并不高，但是它通过激发工程师心中的求知欲，在招聘的竞争中战胜了其他的大企业。

谷歌会在半年到一年的时间里，通过多达 20 次的面谈（现在已经被简化了）来选择一起工作的伙伴，这样的做法或许并不寻常。尽管如此，谷歌向求职者传达了一个信息：这里是唯一能够满足他们在大公司中无法实现的“内在野心”的地方。决定加入谷歌的优秀工程师们的想法是：

如果进入大公司，年薪或许颇为可观，但工作内容可能相对固定，周末的休息甚至可能成为生活的唯一寄托。而在谷歌，却能全身心投入到自己真正渴望解决的问题之中。

对于这类人而言，按照公司的规定来进行时间管理是毫无意义的。因为他们心中的内在动机会驱使他们设定非常高的目标，并主动采取行动。即便没有外部的力量来控制他们，他们自己也能以最合适的方式实现目标。

实际上，在这样一个仿佛被弄翻的玩具箱般的工作环境中，他们并没有将时间花在玩耍上。相反，他们坐在显示器前，全神贯注地编写代码，直至深夜。有时，他们坐在健身球上，畅谈各自的抱负和野心，甚至有人舍不得浪费时间回家，直接睡在公司的地板上。

由于这两位创业者都曾在蒙台梭利教育体系中培养出自主专注的能力，他们或许深信，公司只需招募那些具备相似特质的人才，而不必过度干预每个人独特的工作方式。

谷歌的第20位员工、曾经负责整个搜索产品的副总裁、被称为谷歌飞速发展幕后功臣的玛丽莎·梅耶尔（Marissa Mayer）甚至说过："如果你不知道两位创始人在幼年时期接受过蒙台梭利教育，那你是无法理解谷歌的。"

他们会根据自己想出来的问题去寻找答案，并按照自己的决定行动。他们养成了一种习惯：不会因为有高手告诉他们应该做什么就去行动，而是在自己认为这件事情合情合理时才会动身去做。[①] 拉里·佩奇在美国密歇根州的幼儿园和小学时期都接受了蒙台梭利教育；谢尔盖·布林在从苏联移居到美国马里兰州后就进入了蒙台梭利学校学习。布林的母亲后来回忆道：“在他的成长过程中，蒙台梭利教育发挥了重要的作用。这种教育让布林意识到，用自己的大脑去思考，以及人生中任何事情都要自己去尝试，这是非常重要的事。”

如今，谷歌提供的服务已经不仅限于搜索网站，还扩展到了所有信息和通信领域，包括电子邮件、地图、书籍、智能手机，以及被称为谷歌眼镜的眼镜型通信设备等。其中，还有能源业务和无人驾驶汽车等超出常规的项目，这表明他们是真的想通过天马行空的想法来改变世界。

他们从小便养成了专注于一个问题并寻找解决方案的习惯。在他们眼中，无论搜索引擎存在的低效问题、能源供应系统面临的挑战，还是汽车交通系统的困境，都只是有待攻克的对象。只要将这种专注解决问题的机制应用于不同的领

① 参考《谷歌之道：谷歌如何思考、运作并影响我们的生活》（*In The Plex: How Google Thinks, Works, and Shapes Our Lives*）一书。

域，谷歌无疑会以创新的方式，逐一攻克这些全球性难题。

拉里和谢尔盖总在不停地问自己：“为什么 ××× 行不通”“为什么不试试 ×××”“为什么……”

当他们开始质疑既定的规则和权威，并积极探寻自己所提出问题的答案时，谷歌便孕育出新的服务。

小结

- 为了能够聘请到世界顶级人才，除了年薪之外，还要提供能够满足他们求知欲和野心的高难度课题。
- 对于依靠内在动机解决高难度课题的自主型人才来说，公司的控制是徒劳的。

培养专注力的理想环境是什么样的

亚马逊创始人杰夫·贝索斯提到的在创业过程中对他帮助很大的经历是什么？

A. 泡在图书馆里翻阅书籍，加深了他对图书的迷恋。

B. 在一无所有的农村牧场里，他学会了自己需要的东西要自己动手去做。

C. 他在金融和信息技术领域积累了知识，掌握了最新的金融操作技能。

……………………………………

亚马逊创始人杰夫·贝索斯的童年是在牧场里度过的。那是位于美国得克萨斯州的一片面积超过 100 平方千米的广阔的牧场，被称为“慵懒 G”。贝索斯的祖父曾是导弹和核技术的研究人员，而这片牧场是他的祖父退休后购买的。

贝索斯所敬仰的祖父，让年幼的他帮忙打理一切事务。贝索斯干过清理牛棚、给牛烙印、阉割牲畜、铺设下水管道、修理拖拉机等各种各样的农活。乡村的牧场生活与我们心目中对亚马逊这家尖端 IT 企业的印象截然不同，他 16 岁之前的每个夏天都是在这个牧场里度过的。关于这段经历，贝索斯本人是这么说的："在那样的乡下生活，只能自给自足，最终我能够自己去做所有的事情。而这种独立生存的能力是可以通过学习获得的，我的祖父为我树立了一个很好的榜样。如果有什么东西坏了，就自己去修理。"

贝索斯的母亲也曾提及儿子的成长与牧场之间密不可分的关系："和土地打交道会获得独立生存的能力。贝索斯在牧场里学到了没有什么问题是一定解决不了的。"①

童年时期的贝索斯似乎继承了祖父那固执的一面。在他 3 岁的时候，因为无法忍受婴儿床，他提出想要一张真正的床，这个要求遭到了母亲的拒绝。为了表示抗议，贝索斯手持螺丝刀，将婴儿床拆得七零八落！这个令人吃惊的故事是广为人知的。他的母亲最后也只好妥协，给他买了一张成人床。

除此以外，到小学三年级为止，贝索斯都在蒙台梭利小

① 参考《一键下单》(*One Click*) 一书。

学上学。在这里，他养成了对自我探索与创造力的高度专注。由于他的专注力过于强大，在做下一个课题时，需要别人把他连同椅子一起搬到桌子前。回到家后，他会泡在车库里修理收音机、制作实验装置。贝索斯甚至还自制了一个警报装置，能够监测到自己的兄弟是否偷偷进入了这个“实验室”里。

总之，通过牧场生活和蒙台梭利小学的经历，“如果想要什么东西，自己去造就好了”的想法已经在少年贝索斯的大脑中扎根了。

初入商界，贝索斯便在“金融与信息技术的交叉领域”崭露头角。他从服务于华尔街投资者的信息系统公司 Fitel 起步，随后加入美国信孚银行，专注于通信网络开发。在德邵等计算机交易公司持续积累丰富经验后，最终晋升至副总裁职位。显然，他与这个行业高度契合。

但是，当贝索斯看到互联网市场爆炸性的增长潜力时（当时的增长率为 2300%），他再也无法抑制内心的冲动，决定离开拥有美好前途的金融信息技术行业，开始创业。

想在网络上销售商品的念头，早已在贝索斯的心中深深扎根。此时，自幼年时期便形成的贝索斯独特的“专注理论”发挥了关键作用。为了实现客户需求与互联网能力的最佳匹配，他主张缩小关注范围，即起步阶段应聚焦于单一领域。

而且，贝索斯认为如果能在一个市场取得成功，那么在其他的市场也能用同样的方法进行拓展。只需将专注的方向稍作调整，便有望最终实现全球最大规模的在线零售业运营。

贝索斯最开始选择的零售对象为什么是图书呢？他列举了以下八个锁定市场的条件：

- 众所周知的商品（图书不需要多加说明，是大众熟悉的商品）；
- 市场庞大（贝索斯创业时，图书市值高达190亿美元）；
- 竞争激烈（应该能凭借互联网独有的商品数量取胜，长尾效应证明了这一点）；
- 进货容易（当时可以从两家出版社进货）；
- 容易构建数据库（当时已经在使用ISBN码管理图书）；

- 折扣有效的领域（在线销售不需要库存，有利于节省成本）；
- 运费便宜（相较于常规耐用消费品，采用图书专用小型包裹配送方式，能够有效降低运费成本）；
- 网上有优势（便于分类和搜索，充分利用互联网的优势）。

当时，贝索斯所构想的并非如今亚马逊这样的形态，而是类似于通过互联网在线销售图书的模式。他似乎也未曾考虑过让公司拥有自己的库存。然而，我们今天所看到的亚马逊，拥有着世界顶尖的物流中心，并创建了一个充分利用机器人和计算机的最先进的配送系统。

贝索斯从祖父那里继承的固执的个性，以及蒙台梭利教育所培养出来的自主性和专注力，在他创立亚马逊后也得到了淋漓尽致的展现。

在最开始的五年里，亚马逊都未能实现盈利，因此承受了来自投资人的各种压力。这时候，普通初创企业的经营者一定会首先考虑盈利的事情。如果无法盈利，企业就没有足够的运营资金，并且来自股东的压力也不可避免。

但是，贝索斯不但没有考虑盈利的问题，反而继续按照自己的节奏在各个领域进行投资。开启全球首个云计算业务的亚马逊云科技（AWS）、收购全球顶尖顾客满意度的在线鞋店 Zappos、开发并销售电子书阅读器 Kindle、提供在线视频服务、引入令人惊叹的机器人拣货物流系统等。

如今，仅仅创建一个网站并在其上销售商品，已无法确保网购业务的成功。提供电子内容与现实世界无缝衔接的购物体验，以及支撑这一体验的顶级物流，同样不可或缺。此外，通过在全球范围内部署基础设施和客服系统，亚马逊成功奠定了其作为全球第一大在线购物网站的地位。

专注于当前的任务。如果需要这个世界上不存在的东西，就自己去创造它。少年贝索斯关于“自主”和“专注”的理念，至今仍是亚马逊竞争力的源泉。

小结

- 牧场生活和蒙台梭利教育教会贝索斯：如果没有想要的东西，就自己去创造。
- 专注于一个领域是开启一门生意最好的方式。

- 扛住外界的压力，并专注于解决自己所思考出来的问题，是在持久战中获胜的秘诀。

将棋高手如何锻造脑内模拟

据说，将棋高手羽生善治能够预判多达 1000 步棋局。那么，他始终坚持不开车的真正原因是什么呢？

A. 体力是支撑专注力的关键所在。因此，他不坐汽车，选择用步行来保持自己的体力。

B. 开车的时候，大脑会开始模拟下棋并且停不下来。

C. 开车需要将注意力分散到各种各样的事物上，这和将棋的单点专注型的方法大相径庭。

日本将棋联盟对161名专业棋手进行的问卷调查显示，对于“下将棋最大的收获是什么”这个问题，竟然有95人回答“能学会专注地思考一件事情”。因专注力不足而苦恼的人，或许可以去挑战一下将棋。

说到职业棋手的偶像，那一定是羽生善治。羽生在小学一年级时迷上了将棋，并全身心投入其中。之后，25岁的他成为将棋界首位获得七冠的棋手，他也因此被称为史上最强棋手。

据传，羽生在对局过程中，每落一子便能预判后续的100至1000步左右。更令人惊叹的是，其决策速度极快，仅需一秒至数秒即可确定下一步棋。随后，对于每一次的变化，他会花上数十分钟甚至一个小时以上的时间去专注思考接下来的1000步。若是名人战，这种专注的状态会从早上9点持续到晚上9点，并且持续整整两天。这可不是普通的专注力。

羽生说:“专注的基础是毅力，而支撑毅力的则是体力。”据说，对局结束后，他的体重会下降3千克之多。这是因为大脑所消耗的卡路里比想象的还要多。虽然大脑的重量只占体重的2%，但是它却要消耗掉总热量的20%。因此，大脑高效运转时，体重也随之下降这一现象是合乎逻辑的。

根据哈佛大学心理学家丹尼尔·托德·吉尔伯特（Daniel Todd Gilbert）的说法，在过去 200 万年的历史中，人类的大脑容积增长到了最初的三倍。更为重要的是，我们的大脑在进化过程中不仅体积增大，其结构也发生了显著变化。

在大脑体积变大的过程中，脑前额叶外皮作为新增加的结构之一，使人类拥有了"只在脑中就能进行模拟"的能力，而这种能力是其他动物所不具备的。人在实际行动之前，可以在脑海中进行多种多样的尝试。羽生之所以能在短时间内精准预测 1000 步棋，是因为他在脑海中进行了高速且精准的模拟运算。

羽生从来不开车。这并非因为他没有驾照，也不是因为他不喜欢开汽车。而是因为一旦他脑海中浮现出将棋棋盘，棋子便会不断地移动，他很难从中抽离出来。如此专注的状态，在开车时很容易分心，这无疑会带来危险。

将棋具备了实现心流体验（专注体验）的条件。规则明确，取胜的方案又多又复杂。但是，在实现心流状态的条件中，有一点尤为关键，那就是目标的难易度与现有能力的平衡。如果我们一味地与强大的对手对弈，并不断吞下败果，那么我们对将棋的热爱也必将逐渐消退。羽生刚开始下棋时，他所在道场的主管很清楚这一点，为了让羽生体验到逐步提高熟练度所带来的乐趣，主管下了一些功夫。

羽生最初加入的道场，最低等级只有 7 级。道场的主管为了让他感受到升级的乐趣，特意让他从 14 级开始尝试。随着棋术的提高，等级也不断提升，这样的乐趣促使少年羽生更加努力地学习将棋。在小学五年级时，他已经升到了五段。①

少年羽生离开道场回到家中后，依然会坚持下棋。在家中，他的对手是由父母和妹妹三人组成的“联合军”。更有趣的是，当“联合军”处于劣势时，他们甚至有一条特别规则——将棋盘旋转 180 度继续对战。总之，羽生对将棋的专注与热情，以及由此带来的棋艺提升，都已远远超越了常人的水平。

和羽生一样，著名将棋手谷川浩司在刚开始下棋的时候，也曾与年长的哥哥过招。据说，谷川的哥哥有时会故意

① 级位和段位都是用于衡量棋手水平的等级体系，级位是在达到段位之前的等级划分。——译者注

输给谷川。也许哥哥是想让谷川通过翻越一座小山的过程，来体验进步和胜利所带来的喜悦吧。

此外，在前述针对职业棋手进行的问卷调查结果显示，在 161 名棋手中，有 68 人认为下棋显著提升了他们的数学成绩，其中还有 61 人认为他们的心算速度变快了。虽然我不会打算盘，但据说打算盘能让心算速度变快。经常打算盘的人在进行心算时，脑海中会出现一个算盘，然后他们会拨动上面的算珠。这和羽生脑海中的棋盘是一样的道理。

因 iPS 细胞的研究而荣获诺贝尔奖的山中伸弥教授，在上小学时也曾沉迷于将棋。一有时间，他便会和朋友们围坐在管风琴上放置的将棋盘前进行对局。出人意料的是，科学和将棋之间或许有着某种紧密的联系。羽生在采访中也曾说过，下将棋使他更擅长数学。由此看来，将棋对于提高逻辑思维能力、直觉等整体的智力和能力非常有效。考虑到孩子的未来，与其让他们去上补习班，或许让他们学习下将棋更为有益。

羽生在小学一年级时学会了下将棋，二年级时就加入了八王子市的将棋俱乐部，并在大赛中首次亮相。自那以后，他犹如一匹脱缰的野马，一路攀登至巅峰。他的一句名言简明扼要地描述了他的成长历程，我本人也很喜欢这句话，所以我将在本章的最后引用它作为结尾。

三流的人听不进去别人的话。二流的人能倾听别人的意见。一流的人在倾听后，会按照听到的内容付诸行动。超一流的人在倾听后，会思考出属于自己的一套方法。

小结

- 脑内模拟是人类的大脑在进化过程中发展出的一种其他动物所不具备的特殊天赋。
- 将棋具有提高专注力、培养逻辑思维能力和数学能力的效果。
- 为了提高专注力，在早期阶段体验胜利的喜悦是十分重要的。

支撑专注力的是身体和精神

这是铃木一朗效力于欧力士蓝波队时的故事。他的前辈在赛季开幕后的三个月里，安打率一直是三成。前辈对训练很上心，即使在客场的比赛后也会做挥棒训练。看到这些，铃木是怎么想的呢？

A. 为了维持体能，他在赛前进行了充足的训练，应该能够保持良好的状态吧。

B. 赛季开幕后，不让身体感到疲惫是很重要的事。应适当控制训练强度。在赛季后半程，他的安打率应该会下降吧。

C. 保持这样的训练量，即使安打率有所下降，也能够修正挥棒姿势，所以这个赛季应该问题不大。

支撑专注力的除了大脑，还有身体。由于大脑与身体密不可分，因此两者均需维持最佳状态。

许多成功人士都十分注重保持自身良好的身体状态和心理状态。在日本和美国总计贡献了 4000 次安打的铃木一朗就是其中的代表。

众所周知，铃木在休赛期与赛季期间的训练量存在显著差异。在休赛期的个人训练及赛季开始前的训练营中，他总是充分激发身体潜能，扎实提升技术水平。例如，在训练时，铃木会对着投球机默默地击打三到四个小时。曾经担任铃木击球训练的专职投球手奥村幸治曾说，他从未见过如此大的训练量。

铃木在训练上投入如此多的时间绝非偶然。事实上，他在击打训练中，每一次挥棒都有明确的目标。当他为实现这些目标而不断击球时，时间在不知不觉中悄然流逝，常常一练便是三至四个小时。为每一次击球都设定具体目标，这种做法令人惊叹。这意味着当他完成 100 次击球时，他也在不知不觉中实现了 100 个小目标。一流的人之所以卓越，就是因为他们无论何时何地，都会为自己设定清晰的目标。

然而，在赛季开始后，铃木的训练量会大幅减少。此举是为了保持他的专注力。职业球员在比赛中必须展现出令人满意的表现，因此，首要考虑的是如何维持稳定的发挥。

在个人训练和训练营中，铃木一朗总是全身心地投入，充分调动身体机能，夯实技术基础。进入赛季后，他则专注于管理自己的身体状态，以确保在比赛中稳定发挥。自高中毕业以来，他始终秉持着一个信念：如果在连续比赛后，仍拖着疲惫的身体进行训练，那么在赛场上将难以发挥出真正的实力。

当时有这样一个故事：铃木的一位前辈在赛季开幕后的三个月内，一直保持着三成的安打率。这位前辈酷爱训练，即便在客场比赛结束后，也一定会进行挥棒练习。周围的人都认为，如此高强度的训练一定能保持良好的状态。然而，铃木却预言道："从现在开始，他的安打率一定会下降。"果不其然，两个月后，这位前辈的状态急转直下，到了九月份，甚至被下放到了二队。

实际上，铃木本人在赛季中是绝对不会勉强进行训练的。除了五分钟左右的挥棒训练和正式比赛以外，他都不会挥动球棒。不仅如此，在比赛结束后，他也不和队友出去喝酒，而是回到酒店，拿出从家里带来的足底按摩器，双脚放在上面放松，以此来保持良好的状态。

专注力的基础在于身体，这一点毋庸置疑。专注需要巨大的能量。就像上文中提到的那样，羽生善治在一场重要的对局后，体力消耗极大，体重会下降 3 千克之多。

除此之外，总计保持了五期以上的“棋圣”称号、被誉为“永世棋圣”的米长邦雄，在对局结束后出现过“头部的皮肤变成鲜红色”的情况。专注力主要依赖于大脑的前额叶皮层。当人的注意力高度集中时，前额叶皮层会进入激活状态。而额头变得通红，可能是该区域极度活跃所致。

能够保持专注的时间因人而异，同时也受训练程度的影响。即便如此，大多数心理学家还是认为几个小时的训练就是极限了。然而，米长和羽生他们所参加的将棋名人赛，比赛时长长达两天，这是非常漫长的。若想在比赛时间里保持专注，单凭一般的体力是无法做到的。

在体育领域，我们常常会提到“心技体”[①]这一概念。它

① 一个源自日本体育界的概念，在棒球等运动领域较为常见。——译者注

涵盖了精神层面（心）、技术能力（技）以及身体素质（体）三大要素。在比赛中，如果无法让这三者达到平衡的状态，就无法取得理想的成绩。而且，除了需要保持“心技体”的平衡之外，在需要集中专注力以取得胜利或必须完成特定任务的情况下，若感冒或身体不适，便无法发挥出最好的水平。许多运动员会因为一些小伤或故障，导致整个赛季的努力付诸东流。

对于职业球员来说，让身体保持在最佳状态，是理所当然的事情。但是，能够理解“心技体”真正的含义，并试图将身体保持在最佳状态的人并不多。而想要充分发挥专注力，这一点非常重要。

在美国职业棒球大联盟（MLB）中，设有由 3A、2A 直至新秀共七个级别构成的小联盟体系。尽管大联盟与小联盟在合同金额和工资上存在巨大差异，但即便位于小联盟最底层的球队，其纪律和约束也如同军队般严苛。换句话说，想要向更高级别迈进，不仅需要提高技术，还需要很强的自律意识和良好的习惯。

专注力的本质在于，心无旁骛地聚焦于一个目标，并将全部心思倾注其中。我们不应被过去或未来分散精力，既不纠结于过往的成败得失，也不被未来的评价或成就所左右。专注的精髓，正是将注意力完全集中于当下。无论在比赛、工作，还是人生中，若有所失，往往是因为对当下的专注力出现了片刻的松懈。我们应当更多地聚焦于当下。即便正在为未来的成功而努力，若想提升专注力，就必须将关于未来的种种杂念暂时放下。

因为一旦过度关注未来的成功，就会对失败产生恐惧。恐惧失败会导致紧张，身体会下意识地紧绷，大脑也会一片空白。这种状态只会诱发失误；相反，如果带着“无论犯多少错误也要快乐地坚持到最后”这种豁达的心态，反而能激发出专注力，最终迎来理想的结果。

铃木一朗在“心技体”三大要素中最看重的是“心”。相较于“技”和“体”，“心”对各种结果的反应更为敏感，也更容易受到挫折。据说，为了避免被安打率或各类数据干扰情绪，进而影响正常水平的发挥，球员们通常会刻意避免查看这些数据。他们应该关注的，不应仅仅是这些数据或竞争的结果，更应该思考自己所设定的目标，以及和过去的自己相比是否取得了进步。

铃木和担任他击球训练专职投球手的奥村幸治，曾有过这样的对话：

第一次和自己的父亲进行投接球时，奥村先生是什么样的心情？

我当时想的是，明天也想继续和他玩投接球。

是吧！如果不这样想的话，大家也就不会成为职业球员了。我认为这是最重要也是最难的地方。我也想在自己非常渴望挥动球棒的状态下站在击球区里。

纯粹地想要去做一件事的心情，以及完成任务所需的体力和状态。正是因为在技术上添加了这些因素，才能获得创造纪录的原动力啊。

对我们而言，保持享受工作、渴望工作的心情是很重要的。当缺少这样的感觉时，主动选择休息是调节的关键。跳出工作去休息一下，过一段时间自然就会想要重新开始工作了。

小结

- 专注力不仅需要大脑的支撑，还需要充沛的体力。
- 想要创造纪录，保持“心技体”的平衡很重要。
- 纯粹地想要去做一件事的心情，能让自己不去在意成绩，从而更专注于眼前的事物。

德鲁克心中的理想教育者

“知识的巨人”德鲁克在人生中遇到了两位优秀的女教师。她们究竟是什么样的教师呢?

A. 她们有渊博的知识，且善于教学。身经百战，对于考题的解法，有丰富的经验。

B. 不主动教学。她们是能够发现学生喜欢或者擅长的领域，并给学生提供建议的教师。

C. 她们是能够精准识别学生自身未察觉的薄弱环节，并有针对性地提出强化策略的教师。

被誉为“管理学之父”的管理学家彼得·德鲁克，在全球范围内拥有众多忠实追随者。他是一位于 1909 年出生于奥地利维也纳的德裔犹太人。

在古老的欧洲社会瓦解的背景下，德鲁克转学至施瓦茨瓦尔特小学。这所小学是其母亲作为首届学生毕业的女子初高中一贯制学校（文科中学）的附属学校。在那里，他遇到了两位令其终生难忘的老师。

这两位老师分别是埃尔莎和佐菲。

这两位老师是姐妹，但她们的教学风格各不相同。埃尔莎老师拥有让人难以置信的洞察力，少年时期的德鲁克觉得她仿佛有无数双眼睛，可以看穿一切。上课的第一天，她出人意料地已经知道了所有孩子的名字和长相，甚至了解了每个学生的性格、特长，乃至家庭背景和父母的职业。

埃尔莎老师秉持的教育理念是专注于发掘并培育学生擅长的领域。她发现德鲁克在数学方面稍显薄弱，但在语文方面展现出显著特长。埃尔莎老师迅速识别出他的潜质，并决定全力以赴地培养他的才能。

随后，埃尔莎老师借助一种名为“工作簿”的练习本，引导学生记录下“目标”与“结果”等相关内容，从而有效地培养学生自主管理和设定目标的能力。她的第一句话总是：“你认为自己擅长什么？说说看。”

另一位佐菲老师负责美术课和手工课。她总是安静地观察孩子们，手把手地教他们如何使用工具。她温柔地拍着学生的肩膀，给予他们鼓励，并表达喜悦之情。佐菲老师的话不多，但在少年德鲁克的眼中，她就像基督治愈病人一样，将自己的能量倾注在学生身上。

德鲁克并不擅长绘画和手工。有一次，他在描绘一只猫时，反复修改却总不满意。这时，佐菲老师悄悄地走到他身边，用蜡笔在画纸上画了三条线。结果，他原本想画的猫瞬间变得栩栩如生，几乎让他忍不住发出惊叹的声音。

与这两位杰出教师的相遇，成为德鲁克日后踏上教育之路的重要契机。可以说，这段经历对他产生了深远的影响，甚至激发了他对“教师观察”的浓厚兴趣。然而，令人遗憾的是，在之后的岁月中，德鲁克似乎再也没有遇到能够超越这两位理想教师的人物。

尽管佐菲老师和埃尔莎老师的教学风格不同，但她们的教育理念在一点上高度契合，那就是她们都认为学生才是课堂的主体。孩子天生就是“学习者”。因此，教师的责任是帮助学生进一步强化他们感兴趣的领域和擅长的事情。教师并非单纯的“教授”，而是扮演着支持和促进学生“学习”的重要角色。

德鲁克在他的著作中谈到一流教师的形象时，这样说道：

他们帮助每个学生找到自己的特长，设定目标，并教会学生如何发挥自己的优势。设定的目标包括短期规划和长期规划……他们故意不去直接教授学生，而是帮助学生制订计划，帮助他们更好地学习。[①]

话说回来，德鲁克的青年时期，也是纳粹崛起的时期。他24岁那年，希特勒内阁在德国成立。两年后，德国单方面撕毁了第一次世界大战的停战条约——《凡尔赛条约》，并宣布重新武装。此外，德国还颁布了以保护德意志民族的血统和尊严为名的臭名昭著的《纽伦堡法案》，对犹太人的迫害也由此开始。

德鲁克曾是《法兰克福汇报》的记者，因此他采访过希特勒和纳粹宣传部部长戈培尔等人。身为犹太人，他对纳粹的崛起无疑有着比任何人更为深切的忧虑。德鲁克因为担心自己发表的论文会激怒纳粹，最终选择辞去报社工作，移居到英国。在那里，他与同为德裔犹太人的德里斯结婚，随后移居到美国。

德鲁克移居美国后，出版了奠定其辉煌著作生涯的开篇之作——《经济人的末日》，并受聘成为贝尼顿大学的教授。随后，他受到了美国最大汽车公司——通用汽车（GM）董

① 参考《经济人的末日》（*The End of Economic Man: The Origins of Totalitarianism*）一书。

事长的邀请，开始着手研究组织和管理的问题。

德鲁克花了一年半的时间，深入通用汽车公司的各个角落，将管理方法系统地整理了出来。在全球范围内，这一成果对众多企业领导者都产生了深远的影响，甚至成为竞争对手福特公司在重建过程中的重要参考范例。其根本概念是：庞大的企业应当更多地将权力分散到较小的单元中，每个单元都要自律地发挥其优势，从而激活整个组织的活力。

从那时起，德鲁克凭借诸多著作，成为管理学家、未来学家和社会生态学家，获得了极高的声誉。在日本，以优衣库社长柳井正为代表，汇聚了众多德鲁克理念的追随者。几年前，由于《当棒球少女遇上德鲁克》一书的畅销（日文版单本销量达到 270 万册），德鲁克的影响力再度被点燃。根据德鲁克学会的统计，关于德鲁克的书籍，仅在日本钻石出版社的发行量便已达到 560 万册。

直到 95 岁去世之前，德鲁克一直在克莱蒙特研究生院执教。受埃尔莎老师和佐菲老师的影响，教师观察成了他的兴趣，而教育对他来说或许就是他整个人生的写照。在生命的最后，德鲁克仍然强调了理想教师教给他的核心理念——发挥个人的强项。这不仅是他对教育的理解，也是他一生的智慧传承。

小结

- 人类天生就是“学习者”。
- 一流的教师会发现学生的特长，并帮助学生设定自己的目标，最终实现这些目标。
- 一流的组织是能够发挥员工强项，并让他们能够自律行动的组织。

如何成为诺贝尔奖级别的伟大学者

因发现诱导多能干细胞（induced pluripotent stem cells，简称 iPS 细胞）而获得诺贝尔生理学或医学奖的山中教授，认为自己在研究领域取得成就的源泉是什么？这个源泉与他童年的经历有什么关系？

A. 在父母经营的工厂中，与各式各样的员工交谈过。

B. 在父母经营的工厂中，独自一人拆解过钟表和废旧物品。

C. 从父母聘请的家庭教师那里，系统掌握了高效的学习方法。

2012 年，京都大学的山中伸弥教授因发现 iPS 细胞获得了诺贝尔生理学或医学奖，成为第二位获得此奖项的日本人。iPS 细胞是一种具备分化成多种细胞类型能力的多能干细胞。通过将皮肤等体细胞的基因“时钟重置”，使其恢复到未分化状态，从而实现了细胞的“重编程”。

一直以来，为了达成相似的目标，人们成功培育了胚胎多能干细胞（embryonic stem cell，简称 ES 细胞）。然而，ES

细胞使用的是受精卵分化后的胚胎细胞，获取过程不可避免地会破坏胚胎，这一操作引发了广泛的伦理争议。

另一方面，由自体细胞制造的 iPS 细胞并不存在这样的伦理问题。人类的身体由超过 200 种不同类型的细胞组成，但追溯其源，最初只有一种细胞。如果从自身的皮肤等部位提取出原始细胞，就可以制造出没有排斥反应的干细胞、视网膜、肌肉、神经等细胞。在日本，为治疗帕金森病、年龄相关性黄斑变性、心力衰竭及脊髓损伤等疾病，计划开展使用 iPS 细胞的临床试验。

被誉为“本世纪重大科学成就之一”的发现者山中伸弥教授，出生于大阪一家小型工厂主家庭，是家中的长子。山中教授的父亲经营着一家专门生产缝纫机零件的工厂，他总能目睹父亲用精湛的技艺亲手打造一个个缝纫机的零件。小时候的山中伸弥，对此情景感到着迷。

进入小学后，小山中痴迷于拆解家里的各种物品。他拆解了钟表、收音机等各种东西，但有时却无法将它们重新组装起来。此外，小山中喜欢做实验。有一天，他不小心打翻了酒精灯，导致被炉[1]瞬间燃起熊熊烈火，为此他被狠狠地训斥了一顿。

尽管因为工厂经营艰难，父母很少有时间陪伴他，但山中伸弥从小就与比他年长七岁的姐姐一起努力学习。他在数学和理科领域表现出色，成绩非常优异。他人生中第一次撰写的论文，源于中学时期的自由研究项目，主题是“人类的记忆能力”。

他不仅在高中和大学阶段就读于知名公立学校，还积极参与柔道和橄榄球等体育运动，表现非常突出。在同学当中，他既是优秀学生的代表，又是体育活动中的佼佼者。凭借自身努力，他在学习和运动之间找到了平衡。

虽然山中伸弥并非蒙台梭利教育的受益者，但他从小就沉浸在拆解废旧物品等活动中，养成了专注于某一事物的习惯。这一点与蒙台梭利教育所取得的效果非常相似。

随后，山中伸弥从神户大学医学部顺利毕业，进入国立

① 日本的一种取暖用具。在一张矮桌上面铺上一张棉被，桌下有电动发热器，人们可以将腿和脚伸进被炉下取暖。——译者注

大阪医院担任实习医生。在这里，他经历了职业生涯的转折。面对一些即使被称为“超级医生”的名医也无法治愈的重症患者和疑难病患者，他感到震惊。

于是，他开始思考，如果自己不是医生，而是研究者，或许能够找到新的治疗方法或药物。最终，他选择投身基础研究领域，开启职业生涯的全新转型。

“我想做别人没做过的事。”

正是基于这样的理念，山中教授投身于基因领域的研究，致力于探寻疾病的根源。然而，自那时起，他的人生便踏上了一段波澜壮阔的旅程。

在当时的日本，几乎没有遗传基因领域的研究机构，专门用于基因实验的实验鼠等工具和流程也极为欠缺。这使得山中教授的科研道路充满了困难与挑战。

于是，他选择前往美国深造，因为那里正是这一研究领域的重要前沿阵地。他向各大研究机构发送了很多份简历，最终成功获得了在美国旧金山的格拉德斯通研究所担任研究员的机会，从此开启了他的高端前沿医学研究之旅。

回国后，山中教授面临着美国与日本研究环境的巨大差异，这种落差曾让他多次陷入迷茫，甚至几近放弃。然而，在这段艰难的岁月里，他凭借坚韧的毅力和对科学的执着追求，通过申请奈良先端科学技术大学院大学的公开招聘的职位，成功进入该大学，并致力于 iPS 细胞的研究工作。此后，他继续在京都大学深耕这一领域，最终取得了具有划时代意义的重大突破。

事实上，iPS 细胞的发现纯属偶然。为了培育出万能干细胞，研究人员已筛选出 24 个候选的初期化基因。然而，要尝试这些基因的所有组合，估计需要 30 年的时间。毕竟，在 24 个基因中，究竟哪些基因组合能成功将细胞转化为万能干细胞，目前尚无人能准确预测。

然而，当新助手着手进行基因逐一添加与组合的实验时，出于不愿浪费剩余基因的考虑，山中教授决定将全部 24 个基因一次性投入培养皿中。出人意料的是，这些细胞竟然展现出了与 ES 细胞完全一致的功能。随后，他通过逐个去除基因的方法，逐步筛选并优化，最终成功将必需的基因数量精简至四个。

最初，他并没有按照常规思路逐一尝试24个基因的所有组合，而是大胆地将所有基因一次性加入。这种看似“反其道而行”的尝试本身就令人惊叹不已。然而，正是这一创新之举，让原本预计需要耗费30年的漫长实验，仅用6年时间就取得了突破性进展，并最终赢得了诺贝尔奖的殊荣。

少年时期的山中有想要揭示事物的机制和真相的冲动，并被这种冲动所驱使，将目光从小镇工厂的废弃物转向了基因研究。这个自幼沉迷于拆解“钟表”的少年，最终揭示了改写人类历史的“细胞钟表”的运作原理。

iPS细胞是“induced pluripotent stem cell的首字母缩写。最初，山中教授希望像ES细胞那样使用两个字母的缩写，但大多数两个字母的缩写已经被使用了。因此，他决定使用三个字母的缩写。山中教授希望至少能将第一个字母改为小写，因此他效仿当时流行的苹果产品名称“iPod”和“iMac”，将字母“i”改为了小写。这一命名不仅是为了让这个名称更容易被普及，也可以看作他想做别人未曾尝试的事情的一种表现。

小结

- 创新的出发点是想做别人没有做过的事情。
- 对周围事物进行深入剖析的探究精神，帮助他成功揭示了细胞时钟的运行机制。
- 划时代的发明和发现不是来自战略，而是来自偶然的邂逅。

一万小时定律带来的真正效果

作为新入职的员工，你进入了公司的销售部门。然而，你的业绩未能达标，而且你也无法喜欢上销售工作。这是不是说明你不适合这份工作呢？

A. 判断适不适合还为时过早。就算在石头上枯坐，也得

坚持满三年[1]。只有彻底做过销售，才能真正了解自己是否适合这份工作以及这份工作的魅力。

B. 每个人都有自己的长处和短处。如果无法喜欢上这份工作，那就应该果断尝试换个工作。

C. 20 多岁时应该埋头做事，到了 30 岁再审视自己的优缺点，并进行取舍。因此，现在不应该抱怨，而应该专注于提升自己的销售能力。

与羽生善治齐名的谷川浩司表示，从开始学习将棋到中学二年级成为职业棋手的约十年时间，他总共用了一万小时来学习将棋。谷川小时候的榜样米长邦雄也是如此，他在中学到高中这六年期间，每天花费五小时，累计约一万小时来学习将棋。

若想在短短三年内达到一万小时的练习量，那么每天需投入九个小时以上的时间。换句话说，要想在自己的专业领域成为专家，即便每天都在工作，至少也需要三年的时间。这同样体现了水滴石穿的道理——即便工作充满艰辛与挑

① “石上三年”是一句日本俗语，强调做事要有持之以恒的精神。——译者注

战，至少也应坚持三年之久。在不足三年的时间内频繁更换工作，这样的做法是不明智的。

作为经营者，我经常参与社会招聘的面试工作。对于在累积一万小时（约三年）经验之前便选择放弃，且频繁地更换工作的求职者，我坚决不予录用。因为如果一个人作为专业人士没有掌握系统化的知识和技能，就去从事下一份工作，那么他将无法实现自身的成长。

“没有研究表明有人能在少于一万小时的时间内达到真正世界级的水平。就好像大脑需要这么多时间来理解和吸收知识或技能一样。”

据《异类：不一样的成功启示录》（*Outliers: The Story of Success*）一书的作者马尔科姆·格拉德威尔（Malcolm Gladwell）所说，那些被称为天才、超一流的人，无论是否有天赋，都积累了超过一万小时的练习时间。

例如，如果将音乐学校中学习小提琴的学生分为三组——有可能成为独奏家的小组、能够在职业乐团演奏的小组，以及虽然无法进入职业乐团但有可能成为音乐老师的小组——并比较他们的练习量，那么有可能成为独奏家的小组的练习量大约为一万小时，也就是说，这个小组的练习量远远超过其他小组。

在成为世界级人气艺术家之前，披头士乐队也积累了超过一万小时的练习时间。乐队成员约翰·列侬（John Lennon）曾这样谈到他们在出道前令人惊叹的练习量：

在德国汉堡，我们每天都要在舞台上进行长达八小时的表演，这无疑对我们提出了极高的要求，同时也促使我们不断探索新的演奏方式。随着演奏技艺的逐步提升，我们逐渐积累了自信。毕竟整晚都在演奏，哪怕不情愿也会有所进步吧。此外，观众大多是来自世界各地的外国人，这让我们更加努力地去吸引他们。为了让他们更好地理解我们的音乐，我们全身心地投入其中，倾尽全力。

传奇程序员比尔·乔伊（Bill Joy）在加州大学伯克利分校攻读研究生期间，据说他在开发 BSD（伯克利软件发行版）这一 UNIX 操作系统上花费了超过一万小时的时间。BSD 后来成为许多编程语言的基础，并且成了互联网服务器不可或缺的存在。苹果公司大获成功的 Mac OS X 系统，其根源也可以追溯到 BSD UNIX。

即使被誉为天才的莫扎特，据说在创作出独特的协奏曲之前，也花费了超过一万小时的时间。即使被认为拥有天赋的人，如果没有投入大量的时间，也无法取得伟大的成就。

很多成功者认为运气是成功所需的要素之一，但运气并不是偶然降临的。它会自然地造访那些每天为完成一件事而不断积累训练的人。反之，即便天赋出众，也只有当训练的总量超过一定的时间，才能取得真正的成就。

当然，“只要花一万小时，谁都会成功”这种说法并非绝对。更确切地说，经过相当于一万小时的训练，人们才终于有机会站在通往成功的起跑线上。运气不会降临到那些没有站在起跑线上的人身上。想要吸引好运，持续的努力和积累是必不可少的。

根据我自己的经验，直到我能够感受到自己以一种独特的方式驾驭一项工作，似乎花了大约三年的时间。

作为职场人士，我第一次加入的公司是瑞可利。我在那里工作了整整九年，其间我从事过多个岗位，包括通信线路的企业销售、新项目的启动、书籍和游戏的开发。每次转岗，我都参与不同领域的商业活动。

不过，一旦投入新工作，我就会像当年能量饮料广告里那句“你能连续战斗 24 小时吗”的台词般全神贯注。因此，在短短三年左右的时间里，我便被公认为行业中的“中流砥柱”。每当有客户问：“永田先生，您在这个行业深耕了多久？”若我坦诚相告，对方往往会露出惊讶的神情。我认为，比起工作年限，更重要的是在从事这项工作期间的“密度”，即“专注的深度”。

要将一万小时的时间持续投入到一件事上，的确需要极高的专注力。而这种专注力不仅仅是短期的冲刺。每天坚持不懈地完成该做的事情，途中不轻言放弃，最终实现目标，这正是长时间专注所铸就的结果。随着对长期目标的持续专注，每个人都能激发出自己潜在的天赋，开花结果。

小结

- 无论音乐人还是商业人士，要使才能得以绽放，都需要长时间的专注。
- 一万小时的专注训练是突破瓶颈的标志。
- 要在工作中成为该领域的专家，至少需要三年的时间。相反，如果少于这个时间，就无法真正体验到工作的乐趣。

气场的真相

总部位于兵库县的中学硬式棒球队宝冢少年队，其第三期成员田中将大，被大家亲切地称为“马君”。他在驹泽大学附属苫小牧高等学校就读时，曾参加过足以载入甲子园史册的经典比赛。如今，他作为乐天金鹰队的球员大放异彩，在职业棒球的舞台上光芒四射。

高中时期的“马君”以时速高达 150 千米的速球和高速滑球为武器，在高中生涯中累计达成 458 次三振。其高中累计三振数与三振率都超过了横滨高中时代的松坂大辅[①]，被人们称为“怪物”。

据悉，这位“马君”在训练初期常会忘记佩戴手套，给人留下些许迷糊却温和的印象。然而，有传闻称，某次事件令他的眼神发生了显著变化。

这是中学二年级的少年棒球联盟全国大会预选赛决赛。这场比赛对于能否进入全国大会至关重要。对于被田中将大视如兄长、极为尊敬的队友村田来说，这是他最后一个赛季。

① 日本前职业棒球投手，被认为是日本职棒史上最强的投手之一。——译者注

在两出局、满垒的关键局面下，只要打出一记安打，就能实现逆转绝杀，拿到通往全国大会的入场券。而此刻，轮到备受瞩目的“马君”站上打击区。在这个关键时刻，“马君”打出了一记半高飞球，随着防守队员稳稳将球接住，比赛就此结束。他与自己敬爱且崇拜的前辈共同许下的进入全国大赛的愿望，也因此破灭了。

或许是因为对自己能力不足的懊悔，或许是因为觉得愧对前辈，自那以后，“马君”的眼神彻底改变了。他脱胎换骨，成为一名真正的决胜者。

说起决胜者，将棋界的羽生善治也以眼神犀利而闻名。对局时，他一旦与对手对视，就会露出一种令人惊恐的神情，让对手感到震惊。

我们常常会用“有气场”来形容那些具有非凡气质的人。所谓“气场”，源自希腊语“aura”，意为“气息”，用来形容一个人散发出的灵性能量或独特气质。然而，我逐渐开始认为，这种气场的本质，其实可能是专注力。

当一个人处于高度专注的状态时，目光会变得锐利，并散发出一种不同寻常的气质。在我的人生中，我也遇到过许多有气场的人。仔细回想起来，那种气质或许正是因为他们始终专注于工作或目标，并全力以赴，从而使得这种独特的气质附着在他们身上，成为一种状态。

第3章

培养专注力的技巧

焦点集中与分散集中

在深入探究了前 1% 掌握专注力的天才们成功的秘诀之后，我将分享自己是如何成功掌握专注力的经验的。

即使不像梭利教育那样在幼儿期就培养出专注力，成年后我们同样可以有效地提升这一能力。由于专注力并非依赖天赋，因此任何人都可通过后天训练或培养习惯来获得这一技能。本章将具体说明其中的一些要点。

首先，什么是专注力呢?

一言以蔽之，就是能排除其他杂念，专注于干一件事的能力。

即使在人声鼎沸的聚会中，我们也能够自然地听到与自己有强关联的话。若仔细听，远处的话语也能听到。但集中专注力时，我们就听不到周围的杂音了。我们的感觉器官时刻都在捕捉周围的信息，然而，当我们集中专注力时，这些器官会为了实现一个目标而相互协作。

当专注力集中于某一点时，这种状态被称为“焦点集中”。

然而，为了实现目标，也并非一定要将专注力集中于某个焦点上。比如在足球比赛、围棋对弈，以及监测整个工厂的运行状况时，我们需要分散专注力去把握整体情况。这种状态被称为“分散集中”。

过去，足球选手中田英寿在传球练习中经常转头。他这样做是为了在专注于球以准确传球的“焦点集中”状态和把握周围环境的“分散集中”状态之间快速切换。当我们看到一名球员将一记犀利的传球传到一个令人惊叹的位置时，有时我们会不禁怀疑他的背后是否长了眼睛。

在体育运动中，运动员需具备在焦点集中与分散集中之间瞬时切换的能力，以精准把握局部细节与整体局势。这些技能不仅在体育领域至关重要，在工作中同样不可或缺。

普通员工的工作重心主要在工作现场，但有时也需要从组织或公司的全局视角考虑问题。而对于主管、经营管理者等管理岗位而言，要想在工作中取得成果，需要在关注整体的同时，根据实际情况关注现场的细节。

工作的重点因职位和角色的不同而不同。然而，我们需要在一点集中与分散集中之间灵活切换，这一点与运动员并无二致。

焦点集中与分散集中，意味着我们须同时处理看似矛盾的两件事情，就像做生意一样，既需“见树木”也需“见森林”；既需具备微观视角，又需拥有宏观视野。然而，如果我们同时做这两件事情，就无法集中专注力。所以要经常切换，以调和这对矛盾。

专注力 = 深度 × 时间

小时候，我喜欢用放大镜聚焦光线，把纸点燃。我相信大家也有过这样的经历。放大镜是一个中间凸起的凸透镜。当平行光进入透镜时，发生折射现象，光线会集中在某一点，这就是所谓的“焦点”。

当把纸张置于这个焦点位置，阳光的热量便会在此高度集中，超过一定温度时，纸就会燃烧起来。专注力与收集这些光线并将其集中在某个点上的过程完全相同。温度的高低取决于折射率的增加程度、集中到一个焦点上的光的面积，以及维持的时间。“专注的深度”指的是能够集中专注力的程度，“专注持续时间”则是指这种专注状态能够维持的时长。专注力的总体水平可以通过“深度”与“时间”的乘积来衡量。

专注程度还远远不够。
当无法完全聚焦时，
就无法取得成果

当专注程度加深时，
成果就会开始显现。
这就像用放大镜聚焦
阳光能够使纸张燃烧
起来一样

如果能够保持高度的专注，
就会取得更大的成果。然而，
即使投入了大量的时间，
若专注程度一直很低，
也完全无法取得成果

个人危险感会产生专注的荷尔蒙

当我们沉浸在某件事情中时，大脑中的多巴胺和去甲肾上腺素就会释放出来。多巴胺是一种快乐荷尔蒙，如第 1 章所述，它能产生强烈的内在动力，因为一旦我们尝到了奖赏的滋味，就会想要反复品尝。

另一方面，去甲肾上腺素是一种维持紧张状态所必需的大脑激素。它最初是动物为了避开危险而释放的大脑激素。当我们遇到生命危险时，例如受到天敌攻击或遭受灾难时，它就会被释放出来。

去甲肾上腺素能让我们将专注力集中在目标上，决定是进行战斗还是逃跑。对于生活在野外的动物来说，去甲肾上腺素是必不可少的。

在现代生活中，有没有危及生命的情况呢？除非是在战争中，否则我们通常不会感到生命受到威胁，也不用担心明天和后天吃什么。

过去几年里，或许只有在东日本大地震发生时，我们才真切感受到了环境变化对生命的威胁，并由此引发的大量去甲肾上腺素的持续释放。从这一角度而言，环境变化促使大脑激素释放，进而提升我们警觉性的机会，无疑正在减少。

那种被直击要害的绝望感会瞬间加剧我们的紧张情绪，让我们的专注力变得异常敏锐。仔细想想，这对我们来说，其实是一种相当大的压力。

但是，正如细菌和胆固醇有好有坏一样，压力也有好有坏。两者的区别并不特别明显。是好是坏，要由个人来决定。能够充分利用好压力的人，则能够抓住机会，集中专注力完成手头的任务。

被噪音包围的生活会产生意识的混乱

在我们的日常生活中，很多事情都会削弱我们集中专注力的能力。在城市中尤其如此。

在家里，我们不断受到电视和广播中琐碎信息的轰炸；在街上，多得让人厌烦的广告、大型显示屏上的视频、展台上堆积如山的传单等随处可见；在办公室里，有电话、电子邮件、大量软件更新提醒和新消息通知；即使在路上，也会收到朋友在 Facebook 上发布的帖子、LINE 消息、新消息通知以及博客更新提醒……

智能手机、平板电脑和其他设备能让我们随时随地与他人联系，确实非常便利，但这也使得我们的专注力总是被打断，几乎很难有机会能够专注于一件事。

我们周围的信息量与日俱增，但不幸的是，其中大部分信息都是垃圾信息。

我们不得不付出难以置信的努力，才能从堆积如山的信息中抓取少量“真正重要的信息”。毫不夸张地说，我们的日常生活环境正是为了剥夺我们集中专注力的能力而存在的。

降低我们专注力的因素，并非仅限于环境的诱惑。更为关键的是，我们自己对思想的掌控力才是决定性因素。如果我们分心，思想很快就会变得混乱和失控。

- “今天早上，部长的言行真让人火大。”
- “那个模特的腿好漂亮。”
- “中午吃什么？那家店会不会很拥挤啊。”
- “不知道怎么回事，电脑有点不好使。”

- “外面好像要下雨了。”

  …………

这些大量的、零散的思绪在脑海中飞速闪过。毫无关联的信息处于混乱无序的状态。这正是“意识的混沌”。

各种噪音会降低我们集中专注力的能力。一旦我们分心，就会陷入意识混乱的状态。因此，我们需要在自己的内心构建起有意识地吸引“专注力”的机制。这就是为什么有些棒球运动员会把专注力集中在球的缝线处，有些艺术家会留在山中完成自己的作品。

但是，普通的从业者怎样才能更深入、更长时间地集中专注力呢？怎样才能在日常工作中集中专注力呢？

提高专注力的 5S 原则

要克服诸多诱惑，专注于一件事，一开始就需要自己努力。不过，有效提高专注力的方法是一种“技巧”，任何人都可以学习。

一旦你学会了如何集中专注力，你就能立即转换思维。

为了实现这一目标，首先要做的是进行头脑的“断舍离”。丢掉多余的东西，避免自己去接触它们，不产生执念。在这里，我想介绍一些我自己也在实践的提高专注力的技巧。首先，想要集中专注力，要注意以下5S原则：

- 简单化（simple）= 丢掉多余的东西，保持简洁；
- 小目标（small）= 设定小而容易达成的目标；
- 一件事（single）= 一次只做一件事；
- 短时间（short）= 在短时间内进行；
- 愉快做（smile）= 始终保持享受的心态，拥有积极的姿态。

在短时间（short）内，尽情享受专注于一件简单（simple）、微小（small）且单一（single）的任务，仅此而已。

若如此直白地写出来，大多数人似乎会觉得太过平常，我仿佛能听到“这种事我都知道”这样的话，但其实真正能践行的人很少。认真、持续地去做那些看似平常的事，其实并不容易。

奥村幸治曾担任铃木一朗的专属打击练习投手多年，后来他成为培养出田中将大等球员的青年棒球队的主教练。他在纽约大都会队[1]的训练营里问一些著名球员："要想在大联盟立足，需要具备哪些条件？"据说这些球员除了强调身体体能训练和体能管理外，还异口同声地回答"运气"。奥村先生很惊讶，问道："那么，你们是如何抓住运气的呢？"他们齐声回答："嗯，怎么抓住运气呢？这种事情太平常了。只要认真地去做那些平常的事就可以了。"

我们理应如此，兢兢业业地完成每一项任务。我们为什么不这样做，像大联盟中最优秀的球员一样，站在自己世界的巅峰呢？

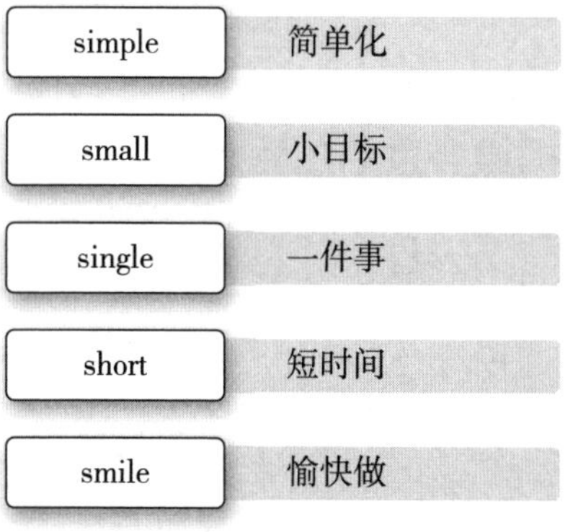

图 3–1　提升专注力的 5S 原则

① 一支美国职业棒球大联盟球队。

缺乏明确的目的或目标难度过高，我们难以迅速集中专注力。首先，需要重新审视你的专注对象或任务。即便大型项目或宏伟的目标，只要将其细分为一天的、几小时的、几十分钟的小目标，就能降低难度，使其更容易实现。同时，不可分心处理其他事务。此外，在开始的阶段，长时间集中注意力也较为困难。可以从 10 分钟、15 分钟等短时间入手，逐步让自己沉浸其中。尤为关键的是，专注力的培养离不开好奇心与乐趣。抱着“这很有趣”的心态去完成应做的工作或任务，是非常重要的。

5S 原则 1：扔掉多余的东西，一切从简

专注的本质是“舍弃”。它不是将注意力逐一分配给众多事务，而是果断地舍弃一切干扰，从而全身心地投入到眼前最重要的那一件事中。如果你不擅长舍弃，就无法真正集中专注力。你必须筛选出真正需要做的事，然后勇敢地舍弃其他的事，这样才能获得真正的专注体验。

毕竟，时间是有限的，这种取舍是对我们宝贵时间的一

种投资。从根本上说，就是在检验长期内这件事是否能让自己获得成长、增加收入、靠近梦想，或者是否符合自己的价值观。

然后，毫不留情地摒弃一切不相关的事情。无论你多么专注，如果这件事不是你所追求的，那就是浪费时间。通过深思熟虑，筛选出真正该做的事。

我对收到的文件毫不手软，一律直接丢进垃圾桶。我从不考虑将来是否还会用到它们。如果我想过这个问题，我就不可能扔掉它们；相反，我把它们全部扫描成电子文件。这也是一种保险措施，以防我以后有重新阅读的需求。事实上，我很少回头看它们……

拥有不必要的东西，会让我们在寻找真正需要的东西时花费更多的时间。因此，关键并非在于整理，而是要果断地舍弃多余物品。就是要不断地扔掉、拼命地扔掉。我在扔东西的时候尽量不去看里面的内容，因为一旦看了，就很难扔掉。如果以后真的需要了，再重新获取就好。我秉承这样的想法，旨在减少自己拥有的物品。即便如此，我还是会弄得很杂乱（苦笑）。

除了物品，信息也是如此。避免接触不必要的信息也很重要。虽然我想要对社会上的信息保持高敏感度，但盲目地接触各种信息是不好的。信息量和成果之间并没有必然的关联。

比如，我很少读纸质报纸和杂志。即使读，也只读和工作相关的少部分版面。以前我还会把各种报纸、杂志全都翻阅一遍，如饥似渴地阅读。但这种没有明确目的的信息收集，只会让我的内心感到迷茫。比如，这家公司开始做这个项目了，社会上有这样的潮流了，最近那个明星很受欢迎，股价今天涨了、跌了……

被这些海量的、碎片化的信息牵着鼻子走，不利于精神健康，就像是主动制造心灵的混乱。我曾经把所有定期订阅的报纸杂志都取消了，改为根据需要购买，或者只在线上阅读匹配关键词的文章。

信息收集应围绕自己感兴趣的主题展开。当你带着关键词和目的浏览报纸和杂志时，只有你需要的信息才会自然而然地吸引你的眼球。每个人都有这样的经历，当知道自己需要什么时，就能在书店或图书馆迅速找到相关的书籍。带着明确的主题获取信息，便能在心中提取所需部分，并将其存入个人的“抽屉”中，避免无关内容混入其中。

5S 原则 2：制定容易实现的小目标

人生只有一次，目标当然是定得高一些更好。然而，为了能够集中专注力，一开始不能把目标定得过高，否则容易因觉得无法实现而丧失动力。应该把目标定在离真实情况更近一些、能够达成的水平。比如，将棋界的羽生善治，在初学时也是从低级别开始的。然后，通过不断取胜来保持动力，同时磨炼技艺。

如果一开始就将目标定得过高，比如成为专业人士或大师等，那么你将难以集中专注力去完成当前的任务。为了集中专注力完成当前的任务，你首先必须简化任务本身，使其易于实现。

例如，一个历时数月的项目，有很多工作要做。

不过，只要不断细分，每一个工作应该都会变成门槛低、容易达成的小任务。比如，可以细分成整理清单、安排会议、制作损益模拟等具体的小任务。

获得高难度的资格证书或掌握某种高级技能也是如此。今天需要完成的每一项任务都可以细分为更具体的小目标，例如阅读多少页书籍、整理一个针对该主题的笔记，或是尝试模仿专家的工作并完成其中的某个部分。

目标越小，实现的可能性就越大。例如，与其每天学习一小时，不如在上下班途中集中精力学习 15 分钟；与其早起一小时，不如把闹钟提前 15 分钟；与其每天锻炼一小时，不如步行 15 分钟。无论你的目标有多大，只要你降低标准，就能毫不费力地实现它。

最终，这些习惯会逐渐内化于心，无需刻意维持也能自然延续下去。之后，令人惊叹的成果将悄然降临。正是因为明白这一点，铃木一朗才会说出那句名言："通过积累小事，才能达到意想不到的高度，这是通往卓越的唯一途径。"

5S 原则 3：避免处理多重任务，一次只做一件事

大家能同时观看并理解两部电影吗？能同时听两首歌曲吗？能同时听两个人说话吗？

想必是不能的吧。尽管人脑的处理能力很强，但它一次

只能处理一件事。多重任务处理是一种提高工作效率的方法，这种方法可以同时完成几项任务。如果我们像计算机一样能够在同一时间内做两件以上的事情，工作效率确实会提高。然而，人类这样做就无法将专注力集中在每一件事上，因此无法从中获得更多的收益。

就像那些长期生活在日本、在日语环境中持续接触英语却始终未能流利表达的人，一旦迁居至英语国家，大约只需一个月的时间，便能迅速提升至流利交流的水平。乍一看，多任务处理很好，但最终很可能导致每个任务都半途而废。因此，单任务处理的优势便凸显出来了。

为了让单任务处理更顺利地进行，我们需要创造一个能够专注于一件事的环境。不要在视野范围内，如桌面上或周围，放置不必要的东西。

电脑桌面也是如此。视野中如果有不必要的东西，专注力就容易中断。如果平时桌面始终保持整洁则无须多虑，但对于那些桌面杂乱的人来说，首要任务是清空多余物品。将它们收纳进桌内，以保持视线范围内的清爽。

如果要读书，就只读书；如果要在笔记本上记录你的想法，就只用笔记本；如果要在电脑上工作，就只用电脑工作。

说句题外话，或许是因为我出版了很多关于思考方法和图解类的书籍，我常常被误认为是一个非常善于整理的人。在杂志采访等场合，我也经常被问道："永田先生，您的整理方法有什么秘诀？"

与此相反，我根本不擅长整理和保持整洁。看到擅长整理的人把抽屉里的物品分类整理得整整齐齐，我很羡慕。然而，我自己却总是乱糟糟的。即便如此，我仍然需要提高工作效率。因此，我特别重视"扔掉""不拥有"这样的理念。不仅是我，人类的处理能力都是有限的。正因为如此，我们必须要更加专注于眼前的工作，一定要只专注于一件事。

希望大家牢记这一点。

5S 原则 4：短时间集中

如前文所述，专注力的程度是深度和时间的乘积。如果没有深度，无论你专注多久，都不会有效果。只有全身心沉浸于目标之中，达到一定的专注深度，才能真正发挥专注力的作用。

所以，一开始哪怕时间短一些，也要注重提升专注的深度。渐渐地，当你习惯之后，就能在保持深度的前提下，逐渐延长专注的时间了。哪怕一开始专注的时间只有几分钟也没关系。如果能集中 15 分钟，就算及格了。最重要的是，要创造一个专注力不会被打断的环境。

专注力的最大敌人是网络。在上网查找资料的时候，我也经常不知不觉就去看一些与自己完全无关的新闻、回复邮件，或者查看 Facebook 的帖子。

手机突然发出“嘟”的一声，原来是 Facebook 推送了新的帖子通知。不管你是点开看还是不看，专注状态都被打断了。大家应该都有过这样的经历。

美国国际数据公司（international data corporation，IDC）2013 年的调查显示，63% 的受访者表示一天中不使用智能手机的时间在一小时以内。此外，平均每天访问 Facebook 的次数高达 14 次。虽然社交媒体很有趣，但我们需要注意其潜在的成瘾风险。

如果真的想集中专注力，我建议大家离线工作。提高专注力的第一步就是排除干扰。不过，办公室人员总是处于在线状态，所以当我要真正集中专注力做一些事情或者构思创意时，我会选择去附近咖啡馆。在咖啡馆里，不会有人来搭讪，也不会接到推销电话，是一个可以专注于当下任务的环境。

理想情况下，最好将手机等设备留在家中，然而，谁也无法确保不会有紧急联系的需求。所以，我推荐大家把手机调成飞行模式。这样网络就会失效，手机就只能用来接打电话，或者使用离线模式的应用程序，也不会再有邮件或社交媒体的通知来分散专注力。

5S 原则 5：始终保持享受、积极的态度

中学时，我沉迷于排球，从高中到大学期间则转向了音乐。特别是吉他，我非常喜欢弹吉他，弹的时候常常连饭都顾不上吃，一直专注地弹个不停。每个人都能很快地投入到自己喜欢的事情中。

然而，我们不可能总是做自己喜欢的事情。更何况能把

喜欢的事情当作工作的人只是少数。那该怎么办呢？那就让自己喜欢上自己的工作吧。但是，你不必喜欢工作本身。只要喜欢工作中的自己就可以了。要爱上那个完成工作、把工作做到完美、帅气的自己。

如果只是喜欢吉他的声音或歌曲，听听就好。然而，我却想亲自弹。我坚信自己能做到，我在脑海中想象着弹吉他的自己一定很酷、很帅气。每次弹奏时，我总是站在窗前，背上背带，对着阳光拨动琴弦（毕竟，大多数吉他手都有一些小小的自恋）。

言归正传，工作本身并不重要，重要的是喜欢做这份工作的自己。也就是说，对自己能够胜任这份工作感到自信和自豪。在心理学中，这被称为“胜任感”，即感觉自己能够胜任。

人类是希望自己成为能够影响周围和他人的动物。人们希望自己处于行动的中心，并参与决策。当人们感受到自己参与了决策，并且能够体会到实现目标的“胜任感”时，内在动机（动力）会达到顶峰。

保持专注力的 4R 原则

一旦你提高了专注力，你就可以培养保持专注力的能力了。保持专注的关键在于节奏（rhythm）、放松（relax）、奖励（reward）和重复（repeat）。

在音乐作品中，一首乐曲通常会遵循一个主要结构，包含前奏、导入和高潮等关键部分。如果再细分的话，每一个小节都是按照相同的节奏来划分的。

创造专注力的节奏，关键在于了解适合自己的舒适单位时长。不要期望在每天八小时的工作时间里始终保持专注，而应将时间划分为自己容易专注的较短时段，并不断循环这一模式。

此外，要把握好专注和放松的节奏，适时为自己准备一些奖励。

专注不是一天的事情。为了长期保持专注，可以以周为单位或以月为单位，交替进行专注与放松的循环。如果将专注变成一种习惯，那么离成功就近了一步。

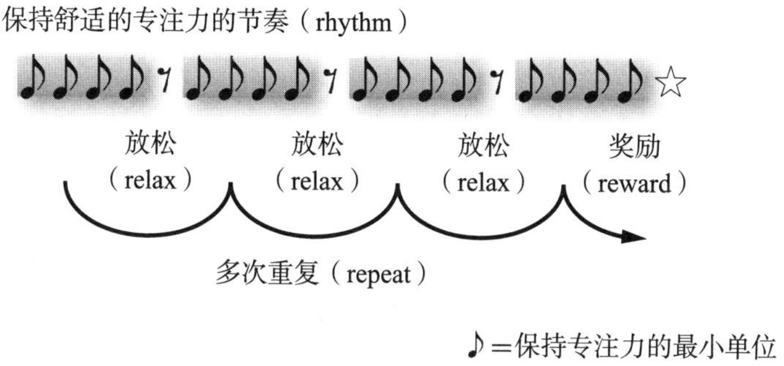

图 3–2 保持专注力的 4R 原则

我们已经知道，专注力是由深度与时间的乘积所决定的。因此，关键问题在于，如何保持专注力的持续性。为此，了解自己最容易集中专注力的时间单位并有节奏地重复这一过程是非常重要的。比如，可以将一小时划分为四个 15 分钟左右的小时间段，并在每个时间段中加入短暂的放松时间。将这一过程循环四次后，进行一次稍长的休息。通过这种方式，建立适合自己的节奏。

外在的奖励，如金钱或物品等，往往难以维持长期的内在动力。因此，我建议大家准备一些精神上的奖励，比如欣赏深爱之人的照片、聆听能激发动力的音乐等。用这种方式犒劳自己，从而激发更强烈的达成目标的欲望。

4R 原则 1&2：调节专注与放松之间的节奏

在进行体育比赛时，选手往往处于高度专注的状态。尤其是个人竞技项目，更是片刻都不能松懈。例如，100 米短跑的集中时间大约为十秒，拳击每回合为三分钟，成年组柔道为五分钟，而马拉松则需要超过两小时的时间……每个项目对专注时间的要求各不相同。

在没有时间限制的比赛中，如果双方实力相当，比赛可能会出乎意料地持续很长时间。

以网球比赛为例。通常情况下，一场比赛大约一小时就能分出胜负。然而，在 2010 年 6 月举行的温布尔登锦标赛上，美国选手伊斯内尔与法国选手马胡之间的比赛两次因日落而被中断，比赛持续了三天，时长总计 11 小时 5 分钟。这场比赛成为网球历史上前所未有的超长比赛，受到了人们的广泛关注。

能在如此漫长的时间里始终专注于比赛，除了身体上的疲劳之外，选手所承受的精神疲劳更是难以想象。这正是所谓的“死斗”的真实写照。

在工作中，工作内容不同，所需的专注程度和专注时间也会有所变化。以同声传译为例。在进行同声传译时，译员需要一边听说话人的发言，一边实时将发言内容翻译成听众理解的语言，进行表达。

在一次工作中，我邀请了来自海外的几位艺术家到东京举办活动。我发现活动现场安排了两名同声传译员，于是问道："为什么需要两个人呢？只有一个活动，我觉得一个人就足够了。"对方回答说："同声传译是一项需要高度集中专注力的工作，如果不每隔 15 分钟轮换一次，是坚持不下来的。"实际上，据说同声传译通常会组成一个三人或四人的团队来进行工作。

我们或许很少像同声传译员那样，需要极高的专注力来工作。然而，在许多场合，我们也需要保持一定程度的专注。例如，在会议、演讲、面试、文档编写以及数值计算等场景中，都需要高度专注才能完成任务。

这些任务通常以一小时左右为基本时间单位。在一天内，我们通过多次一小时的专注循环，来完成大约八小时的工作。显然，我们不可能连续八小时始终保持专注，因此，我们会在合适的节点进行放松或用餐，以便恢复精力。根据日本劳动基准法的规定，如果工作时间超过六小时，需要安排至少 45 分钟的休息时间。

心理学家对人类能够持续集中专注力的时间有不同的看法，但通常认为其上限大约为 90 分钟。将这个时间与学校的一节课或一部电影的时长进行对比，确实颇有道理，这样的数值更容易让人理解和接受。

也就是说，专注力高度集中的时间为 15 分钟左右。对于需要专注力的常规任务而言，90 分钟可以被视为专注的极限时长。如果需要在超过这一时长的情况下继续保持专注，则需要适时安排放松，这样有助于恢复精力并提高效率。

无论参加会议还是编写文档，在进行需要一小时完成的工作时，我都会以 15 分钟为一个时间单位，每 15 分钟放松一次。比如，做一些简单的伸展运动或欣赏窗外的风景，如此循环四次。此外，每完成一小时的工作后，我会安排一个稍长的放松时间，比如喝一杯咖啡或与同事闲聊几句，以此保持精力充沛，确保全天的专注力不被打断。

就我个人而言，我能够保持高度专注的时间单位是 15 分钟。不过，每个人的最佳节奏都不尽相同。在意大利流行的一种高效时间管理方法——番茄工作法中，每个工作单元被设定为 25 分钟，通过使用厨房计时器来辅助保持专注力，从而高效完成各项任务。无论 15 分钟还是 25 分钟，时长本身并无绝对标准，关键在于通过不断尝试，找到最契合自身的节奏。

大多数工作都是需要与他人共同完成的，所以专注力的持续时间不仅仅是自己的事情。比如，对于聆听自己演讲或报告的受众来说，他们的专注力也大多只能维持在 15 分钟左右。所以，在准备相关内容时，考虑到这一点是非常重要的。

例如，当你获得一小时的宝贵时间来介绍公司或产品时，切忌长篇大论地连续讲解 30 分钟。我通常以 15 分钟为一个单位，灵活调整内容。通过更换讲解主题、进行演示，或进入问答环节，以此为对方的感官和思维提供新的刺激。精心安排时间，会让整个过程更具互动性和吸引力。

此外，在举办半天或整天的长时间研讨会期间，若内容和活动一成不变，参会者的专注力将逐渐下降，进而感到困倦。为避免此类情况，我将每 90 分钟设定为一个时间节点，交错安排讲座与实操性工作，以防参会者产生倦怠感。

4R 原则 3：自己给予有效奖励的方式

还记得我们在第 1 章中提到的内在动机与奖励之间的关系吗？在爱德华·迪西（Edward Deci）进行的拼图实验中，设置了奖励的小组相较于未设置奖励的小组，其内在动机明显减弱，并且在解决问题过程中表现得更为消极。此外，被承诺给予奖励的小组不仅积极性较低，其成果也比没有给予奖励的小组更差。因此，迪西得出结论，给予奖励或惩罚可能会对学生的学业成绩、工作的质量或产量以及问题解决能力产生副作用。

然而，如果奖励不是金钱，而是表扬，或者是团队而非个人的利益，情况就会有所不同。当你想要专注于某件事情时，针对通过专注获得的成果（例如，读完一本书、完成一份报告、成功安排客户会面等，任何事情都可以）自行设置奖励。在这种情况下，奖励不应该是金钱或物质，而应该是能够丰富内心、进一步激励精神的东西，这才是理想的选择。

人们常以“犒劳自己”为由购买商品，若是在完成了一项重大项目后给予自己奖励，尚可理解。将金钱或物质奖励作为日常激励手段，则显得不太现实。理想的自我奖励方式应该是精神层面的，而非物质层面的。例如，赞美自己、喝一杯咖啡放松一下、欣赏能具体描绘梦想的照片，或者在手账中贴上与完成任务数量相对应的贴纸等。比起物质上的奖励，这种精神上的奖励更为重要。

迪西也指出，如果设定的目标能够让自己感受到正在前进、朝着好的方向发展，那么奖励也会对提升成果起到积极作用。

努力之后，夸奖自己一句“干得好，又成长了”是特别重要的。

4R 原则 4：为了长期保持专注力，需要将其习惯化

正如上文所述，调节专注与放松的节奏，不仅对一天的工作有益，对于实现长期目标同样重要。不论新产品的研发项目、从战略制定到落地执行的经营计划管理，还是需要通过持续学习获得的职业资格认证，在需要长时间保持专注以

实现目标的情况下，适时的放松和巧妙安排以避免厌倦显得尤为重要。

如果每天都以相同的专注度投入工作，很容易失去节奏感。因此，周末是绝佳的放松时机。我们可以通过活动身体、与家人外出游玩，或者沉浸于兴趣爱好等方式来放松身心。重要的是，利用周末时间去唤醒那些在日常工作中未被激发的身体机能或大脑区域。那些真正擅长工作的人，往往不会在周末还心系工作，或者因为不工作而感到无所适从。相反，他们更倾向于尽情玩乐、专心学习，让身心在休息中得到充分的调整和蓄能。

请你尝试在每天、每周、每月乃至每年的时间单位中，将专注与放松巧妙结合起来，养成良好的习惯吧。

本节介绍了集中专注力的5S原则和保持专注力的4R原则。

然而，真正能够唤起专注力的，终究还是内心的意志力。如果我们放任心灵不管，它很容易就会陷入混乱的状态。为了让这颗容易陷入混乱的心能够集中于某个焦点，我将介绍一些平时需留意的事项。若能妥善掌控自己的内心，专注模式的启动会更加顺畅无阻。

专注时，不要去判断事情的好坏

“可恶！”

在网球比赛中，你是否见过选手因为失误而骂骂咧咧，或者把球拍扔出去的情况？网球教练 W. 提摩西 · 加尔韦（W. Timothy Gallwey）在他的著作《心态制胜》中解释说，这种情况是因为选手内心存在着两个不同的人格，其中一个人格在指责另一个人格。加尔韦提到，在竞争者的内心中存在两种不同类型的“自我”：一个是发号施令并对结果加以批判的“自我 1”，另一个则是掌控身体能力并实际进行操作的“自我 2”。可以说，“自我 1”是评论家，而“自我 2”是执行者。

此外，他在自己的著作中提到，要在实际比赛中取胜，就必须避免自我 1 干扰自我 2，也就是说，要战胜内心的内在游戏。

这种思维方式不仅适用于网球，也适用于各类运动。不仅如此，它还超越了运动领域，被认为在工作和其他众多活动中同样行之有效，因而引发了广泛的关注和热议。

在需要集中专注力的重要场合，比如比赛的关键时刻、重要的演讲或者求职面试，一旦出现丝毫失误，自我 1 就会立刻开始责备自我 2，说："你到底干了什么！"然而，自我 1 并不是实际执行的主体，它只是通过观察结果，用语言去批评自我 2。当自我 1 试图对行为或结果的好坏进行判断时，它就会占据上风。

例如，当我们因一次失误的击球而感到懊悔、因失误导致比分落后而叹息，或脑海中浮现出比赛结果不佳的念头时，自我 1 便会更加强势，进而指责自我 2。在这种情况下，自我 2 就无法做出预期中那般灵活自如的动作。

与此相对，当我们进入完全专注的状态时，来自自我 1 的批判的声音便会悄然退去，不再对自我 2 产生干扰。此时，自我 2 得以充分释放内在潜力，展现出卓越的能力，进而取得令人瞩目的成果。因此，将注意力集中在当下至关重要。不评判结果的好坏，而是专注于完成眼前的任务，这才是关键。

例如，加尔韦建议，在网球比赛中可以试着观察飞来的球上的缝线。因为观察飞来的球的缝线并不容易，这会让人自然而然地专注于当下球的状态，从而让自我 1 陷入沉默。同时，由于能高精度地感知球的运动，无需刻意努力，挥拍动作也会在不知不觉中得到改善。

即使不是在网球比赛中，当人们处于完全专注的状态时，也会感觉周围事物仿佛以慢动作呈现，甚至觉得球似乎静止不动。这是因为当人们摒弃了对结果或好坏的评判后，能够全神贯注于眼前的问题，进而感受到时间的流动变得缓慢而从容。

若将加尔韦的方法融入我们的专注体验中，其核心思想便是“无须在意当前行为的结果或过往的成就，仅专注于正在做的事情”。一旦决定去做，就要全力以赴去尝试，不要有任何怀疑，也不要担心失败。

战略和战术是需要事先制定的。一旦进入执行阶段，我们就必须专注于当前的任务，避免被其他事情分散注意力。

如果我们在战场上还在对战略进行各种讨论，会是什么后果呢？那将极其危险。在战场上，我们必须专注于执行作战计划本身，否则便会陷入险境。

你是否曾在顶级运动员取得卓越成绩后的采访中，听到过类似的话语？

“今天，我没有在意比分，而是全身心地享受了比赛。”

即使优秀的选手，也可能因为奥运会或世界锦标赛的夺冠压力而无法享受比赛。当专注力集中在记录分数或与对手的胜负上时，加尔韦所说的自我 1 就会占据上风，对每一个动作都进行评判。这导致自我 2 无法发挥出理想的水平，表现反而更差，最终的结果会更糟糕。

所以，让我们享受眼前的事情、享受当下的时光吧！

享受当下的过程必定会带来美好的未来，因此我们应该心情愉快、放松自在地专注于眼前的事情。

假设今天是人生最后一天

很多人可能无法保持紧张感。

"虽然明白这件事不得不做，但也不一定非得现在做"。如果我们这样想的话，所有重要的事情都会被拖延。除非临近截止日期，否则就提不起干劲，我觉得这是人性使然。如果是这样的话，或许只能设定更短的截止日期了。

苹果公司创始人、已故的史蒂夫·乔布斯在斯坦福大学2005 年毕业典礼上发表了一篇感人至深的演讲。在 YouTube 等平台上可以看到演讲的内容，还没有看过的人绝对不要错过。在那次演讲中，乔布斯分享了这样一个令人印象深刻的趣事：

我在 17 岁时，偶然看到"如果你把每一天都当作生命中的最后一天去生活，那么总有一天，你会发现自己是对的"这样一句话。这句话给我留下了深刻的印象，从那天起的 33 年来，我每天早上都会问镜子里的自己这样一个问题："如果今天是我生命中的最后一天，我还会去做我今天准备做的事情吗？"如果我连续几天的答案都是"不会"，那么我就知道自己需要做出一些改变了。

意识到自己即将死去，是进行重大决策时最具助益的思考。

因为当你面对死亡时，几乎所有的事情——永恒的希望、虚荣心、对失败的恐惧……都变得毫无意义。只有真正重要的事情才会留下来。记住自己终将死去，是避免陷入失败恐惧最好的方法。我们从一开始就是赤裸裸地来到这个世界上的，我们没有任何理由不听从自己内心的声音。”

每天都在思考生命终结的乔布斯，在这次演讲的两年前，被医生确诊为胰腺癌，他被告知生命只剩下几个月的时间。这一次，他真正直面了死亡的威胁。当时，乔布斯已有几个年幼的孩子。他非常痛苦，因为他原本打算在未来十年里慢慢告诉孩子们那些重要的事情，现在却不得不在几个月内全部说完。

幸运的是，当时他所患的胰腺癌尚处于可通过手术治愈的阶段，乔布斯因此奇迹般地康复了。随后，他在 iPhone 发布会的舞台上自豪地宣称：“今天，我们将彻底革新电话。”

如果当时的手术没有成功，不仅 iPhone 可能不会出现，甚至连智能手机这一概念或许都不会在这个世界上诞生。我们甚至可以认为，正是乔布斯面对死亡时的紧迫感，促使他创造出毫无妥协、极具创新性的产品。

然而，正如大家所知，乔布斯的癌症在后续检查中被发现已经转移至肝脏。尽管他尝试了肝移植等多种治疗手段，但命运并未因此改变。2011 年，这位伟大的科技先驱在众多粉丝的惋惜与不舍中安详离世。在生命的最后时刻，在去世前一天的病房里，乔布斯始终关注着 iPhone 4S 能否顺利发布，直到生命最后一刻，他一定都在担心新品发布会是否能够完美呈现吧。

“像史蒂夫这样具有深远影响力的人极为罕见，他的影响力将会延续到未来的许多代人。”与乔布斯同年出生、既是永恒的竞争对手又是好友的比尔·盖茨对乔布斯的去世表示了深切的哀悼。

乔布斯性格有时傲慢、无情，与他相处并不容易。他是一个将个人信念转化为现实的企业家，他的字典里似乎没有“妥协”二字。乔布斯的个人魅力究竟从何而来？甚至连竞争对手和反对者也被他的魅力所折服。或许是因为他每天都在镜子前想象自己面对死亡，从而重新审视今天与当下，才得以坚持对“真正卓越的产品”的执着追求吧。

我们每个人还剩下多少年呢？在我写这本书时，我的平均预期寿命还剩 30 多年。不过，并不是每个人都能活到平均预期寿命。

在和我同一年进入公司工作的同事以及同班同学中，有一些人在年轻时就不幸离世了。

每当遇到这样的事情，我就越发强烈地想要在有限的时间里活出自己的风格。像乔布斯那样，把每天都当作最后一天来思考，专注于当下，这是一个非常重要的习惯，能让我们度过充实的人生。

时间是人生中最重要的资源。让我们珍惜今天，珍惜当下。为了做到这一点，我也希望大家一定要去实践——每天早上上班前对着镜子问问自己："如果今天就是人生的最后一天，我该做什么呢？"

乔布斯沉迷的冥想

乔布斯还有一件广为人知的事情，那就是他倾心于东方文化和冥想。他会在周六的早晨打坐冥想，沉浸其中。乔布斯敬仰的精神导师乙川弘文是日本曹洞宗的僧侣。据说，禅宗思想对苹果产品的设计理念产生了深远的影响，例如摒弃多余功能、追求极致简洁。

那么，为什么像乔布斯这样极具魅力的人物会沉迷于冥想呢？

世界著名的心理学家和神经科学家理查德·J. 戴维森（Richard J. Davidson）在哈佛大学就读期间，进行了一项非常有趣的实验。

这项实验召集了 58 名有冥想经验、且经验年限不同的被试。实验结果显示，冥想经验年限越长的人，焦虑感越少，对事物的专注力越高。

为了揭开这个谜团，戴维森请求居住在喜马拉雅深山中的修行僧们，让他们参与实验。通过磁共振成像（magnetic resonance imaging，MRI）对藏传佛教僧侣的冥想状态进行观察。实验发现，冥想时他们的大脑被激活，并且出现了显著的变化。例如，当脑海中浮现手指运动的情景时，大脑中负责实际手指运动的特定区域同样会被激活，即便手指并未真正进行移动。

也就是说，人可以通过自己的思维方式改变大脑的运作方式。如果你想象成功，大脑就会变成能够实现成功的模式；如果你想象幸福，大脑就会变成能够感受幸福的模式。大脑不仅会因外部刺激而改变其结构，还会因模拟而改变其结构。这是人类独有的特权，其他动物并不具备。

正因为如此，我们通过冥想来控制心灵，便可以按照自己的意愿塑造大脑。即使天生专注力分散的人，也可以通过冥想和心灵控制训练来增强专注力。其中最简单的方法就是“呼吸法”，这一方法在由理查德·戴维森和莎伦·贝格利（Sharon Begley）合著的《大脑的情绪生活》（*The Emotional Life of Your Brain*）一书中有所介绍。

培养专注力的呼吸法

本书中介绍的呼吸法，有以下四个要点。

- 在椅子或地板上坐好，挺直脊背，身体的其他部位保持放松。
- 专注于呼吸，用心灵的眼睛观察呼吸对身体细微部位的影响，感受腹部随每次吸气和呼气的运动。

- 将专注力集中在鼻尖，感受每次呼吸时产生的感觉。
- 如果专注力被无关的想法或感觉分散，请再次将意识收回到呼吸上。

冥想的基础无疑是呼吸。

冥想时，通过鼻子吸气、嘴巴呼气（将专注力集中在呼气上效果更佳）。采用腹式呼吸而非胸式呼吸，呼吸要缓慢而深长。眼睛可以睁开，也可以闭上。虽然我们在公司里无法进行坐禅，但我们可以坐在椅子上，放松肩膀，轻轻将手放在膝盖上进行冥想。

理查德·戴维森建议每天进行两次呼吸练习，每次持续5 ~ 10 分钟。我希望大家能够在工作间隙，抽出短暂的时间来尝试这种呼吸练习。

在工作中，我会将 15 分钟作为一个时间单位来集中专注力，并不断重复这一过程。如果有一小时的时间，我能够完成四个这样的循环。在每个时间单位之间放松身心，这一点非常重要。为了在下一个 15 分钟里更高效地集中专注力，我们可以利用休息时间放松身体，并尝试通过呼吸练习来调整状态。

当冥想顺利进行时，大脑会进入一种“空转状态”。当没有需要处理的任务时，大脑会启动所谓的“默认模式网络”，对各种情感和记忆进行整理。默认模式网络会筛选出记忆中重要的内容，丢弃不必要的内容。此外，在大脑这种“空转状态”中，我们往往能够捕捉到解决问题的线索，进而找到突破口。

专注是一种大脑全力调动资源的状态，因此，通过插入“空转状态”，可以让专注力的反复切换变得更加顺畅。这正是高效专注的关键所在。

“喜欢”就能克服一切吗

中学时，我的一个同学突然来家里玩，他当场为我演绎了老鹰乐队的《加州旅馆》的吉他独奏。我感到全身像被电流击中般激动，心里也萌生了学吉他的念头。到了高中，我用送报纸攒下的零花钱买了梦寐以求的吉他，从此彻底沉迷其中。只要一有空，我就会弹吉他。

高中时期，我忙于社团活动和弹吉他，根本没怎么好好学习。成绩因此而一落千丈，甚至排在班级的最后几名。然而，我在心中发誓一定要考上大学，所以必须得想办法减少弹吉他的时间。于是，我把吉他的弦和零部件全部拆了下来，让吉他处于“物理上”无法弹奏的状态。

然而，这种方法并没有奏效。每当学习时，我总是忍不住想弹吉他，等我回过神来，我已经从壁橱里拿出了拆下的零部件，花了几个小时重新把吉他组装好了！唉，早知道如此，我一开始就不拆了！

人就是这样，如果喜欢做某件事，即使再麻烦，也不会觉得厌烦。然而，能把喜欢的事情变成工作的人只是极少数。我也没有找到一份靠弹吉他赚钱的工作，客观来说，我也不具备那样的才能。

然而，进入社会以后，通过体验各种工作，我意识到自己喜欢“创造”事物。我所说的创造并非指艺术作品或充满创意的东西。我喜欢做有创造性的工作，也乐于撰写提案。尽管这些工作不像吉他那样能发出声音，但从“通过自己创造的东西获得他人的共鸣”这个意义上来说，我觉得这些工作所带来的乐趣和弹吉他所带来的乐趣，在本质上是一样的。

试着发现当前工作或学习中“有趣”的部分吧，一定会有值得你投入的地方。人们往往容易沉浸于能够体会到“胜任感”的事情中。因此，与其去寻找一份让自己沉浸的工作，不如在当前的工作中找到可以让自己专注的切入点。

记录完成进度并为自己打上星标，或者参考优秀工作的范例来激发内在动力，都是不错的方法。工作需要以专业的态度来对待，工作的最终成果是最重要的。然而，即使结果至关重要，也并不意味着让工作变得有趣是不严肃的事。事实上，找到工作的乐趣不仅能够提高效率，还能让你更从容地追求卓越的结果。

快乐是一种强大的引擎，它不仅能在数量上，还能在质量上催生出卓越的成果。

“让我们加倍享受工作吧”。

这样想如何呢？

第4章

领导者塑造组织的专注氛围

组织的专注力体现在何处

为了取得成功，我多次强调自主性和专注力非常重要。然而，在组织或企业中，应当如何运用这种自主性和专注力？

我们应该如何构建能够发挥自主性和专注力的环境、制度和体系？在企业中，能够最大限度激发个人能力的“引擎”又是什么样的？

我想通过一些实例，从组织建设、企业文化塑造以及经营战略等角度，探讨如何实现“自主性与专注力”的有效结合。

如果个人通过专注力能显著提升成果，那么组织通过专注力也理应能显著提高成果。我们经常听到“团队齐心协力”这样的说法，这正是组织为完成目标而提升整体专注力的状态。

然而，组织是由个体组成的。组织中既有专注力强的人，也有专注力弱的人，因此专注力的分布是不均衡的。当专注力强的人与专注力弱的人协同工作时，组织的整体效能往往会因后者的影响而下降。

如果你是组织的主管、经理或管理层成员，就必须努力保持团队的专注力——因为组织专注力的高低，本质上是由领导者塑造和决定的。

毋庸置疑，专注力就是将注意力集中在“此时此地”。这不仅要求团队成员合理管理时间，更需要全体成员将意识聚焦在当前所面临的问题上。

如果管理组织的成果是领导者的职责，那么管理组织中的专注力便是领导者的重要任务之一。仅通过语言下达“集中专注力”的指示远远不够，领导者需要为成员创造能够专注的机制和环境。

值得注意的是，部分组织试图通过激励机制（如以金钱为手段）或激发成员间的竞争，在短期内提高成员的专注力。这种依赖业绩挂钩的奖励制度或鼓励个人竞争的做法，虽然在短期内可能有效，却无法持续提升成员的专注力。事实上，培养成员的内在动机，才是实现组织长期高绩效的关键。

接下来，我来介绍一些企业的案例研究。这些企业通过引入优秀的制度和机制，在组织中成功激发了员工的自主性与专注力。

自由研究时间孕育的热门产品

众所周知，谷歌许多成功的产品都源于著名的“20% 法则”。所谓“20% 法则”，指的是员工可以将工作时间的 20% 左右用于从事本职工作以外的自由探索和研究。20% 的工作时间相当于五个工作日中的一整天。例如，每周的星期五，员工可以将时间用在自己构思的新项目上。

事实上，20% 法则在工程师群体中已深入人心。

Gmail、Google News 以及 Google AdSense 等产品[①]，都是源自这种自由研究。在出席 TED 大会时，谷歌现任 CEO 拉里·佩奇曾感慨道："我们有超过 100 个小项目正在进行，连我自己都难以完全掌握它们。"

在谷歌，这样的小型自主产品项目随处可见，它们在各个角落蓬勃开展。

虽然我提到的是自主项目，但这并不意味着是可做可不做的事情。

20% 法则是义务。正因为它是义务，所以在这 20% 的时间内所取得的成果也将被严格评估。换句话说，尽管研究主题的选择是完全自主的，但将 20% 的时间投入自由研究是一项必须完成的任务。

实际上，这是谷歌公司的一项战略，即将 80% 的时间用于维持当前的业务增长，将 20% 的时间用于推动未来的创新。

---

① Gmail 是网络邮件服务；Google News 是一款网络新闻聚合器；Google AdSense 是网络广告投放计划。——译者注

我认为 20% 这个比例是非常合理的分配。如果伟大的发明遵循帕累托法则，那么也可以认为 80% 的伟大发明是用 20% 的时间创造出来的。

每周一天的时间是否太短，不足以创造出新事物？其实不然。创造力往往在各种制约条件下才能真正发挥其强大的作用。

无论时间、预算还是规格，条件越严苛，越需要新的解决方案和表现方式，创新也因此更容易诞生。对于那些真正有干劲的人而言，20% 的时间足够专注于创新并产生突破。

这种自由研究的模式并非由谷歌首次提出。很久以前，3M 就有“15% 文化”，即允许员工将 15% 的时间用于本职工作以外的事务。著名的便利贴正是从“15% 文化”中诞生的。

便利贴诞生的故事是这样的。1969 年，3M 中央研究所的研究员斯宾塞·西尔弗（Spencer Silver）在制作各种试验品时，意外地发明了一种“黏性强却易剥离”的神奇胶水。

作为胶水，这显然是个失败品。但西尔弗并没有放弃，他向公司内各个部门的人分发了样品，并四处游说，希望能找到适合的用途，或者开发出新的应用场景。

1974 年的某个星期天，隶属于商业胶带产品事业部的研究员阿特·弗莱（Art Fry）像往常一样翻阅赞美诗集。这时，他用来标记页面的书签轻轻地滑落下来。就在这一瞬间，弗莱的脑海中突然闪过了一个念头："那种胶水！"从第二天开始，弗莱利用"15% 文化"的自由时间，着手开发"带胶书签"。随后，他又花了两年的时间，成功研发出了用于生产带胶书签的设备。

1977 年，这款产品终于在美国开始销售测试。然而，测试的结果并不理想。高层因此下令中止项目，弗莱的团队几乎陷入了绝境。就在此时，一个好消息传来：此前分发出去的样品受到全美 500 强企业秘书们的热烈欢迎，她们纷纷开始下订单！

这一反馈让项目起死回生。经过大量的样品抽样调查和市场测试后，1980 年，这款产品终于在全美上市。

谷歌的"20% 法则"和 3M 的"15% 文化"从两个方面创造了易于产生成果的环境。

首先，是时间的限制。有限的时间会迫使人们集中精力投入工作。其次，是主题可以自主决定。自主性点燃了动力的引擎。“自律”和“专注”这两个要素，正是产生成果的关键所在。因此，我们可以说，“20% 法则”和“15% 文化”是包含了两大核心要素的卓越制度。

24 小时催生的爆发力

大家看过美国的电视剧《24 小时》吗？这是一部剧情紧凑、充满紧张感的电视剧，需要在 24 小时内解决问题。如果把时间延长到 24 天，会怎么样呢？恐怕很难维持那种紧张感。

“必须在 24 小时内解决问题”这一严苛的条件，激发出了平时难以见到的拼劲。正是这种“没有退路”的紧迫感，促使剧中人物能够精准地以秒为单位处理各自的任务，进而激发出了他们的“专注力”。

大家有过被要求在 24 小时内开发出新产品的经历吗？

很多人可能会觉得“这怎么可能做到！”，但在美国的软件产业中，这种在短时间内开发新产品或改进产品的活动非常普遍，它被称为“黑客松”（Hackathon）。

黑客松是英文“hack”与“marathon”的合成语。

提到“hack”，很多人可能会联想到入侵他人计算机的黑客行为，因而对其产生负面印象。然而，这个词最初指的是利用深厚的专业知识来改进和优化计算机或软件的行为，而具备这种能力的技术人员被称为“黑客”（hacker）。如今，黑客松在欧美的软件行业是一种非常普遍的活动。

黑客松通常由科技公司、媒体或风险投资机构主办。活动时间一般为 24 小时，有时也会持续数天。

活动开始时，主办方会介绍主题和规则。随后，各团队围绕主题构思创意，并实际开发或改进产品。黑客松是一种快速开发与改良产品的方式，同时也是发掘新投资机会的平台，因此受到了人们广泛的关注。

例如，由知名 IT 新闻网站 TechCrunch 主办的全球顶级技术大会“TechCrunch Disrupt”。这个大会吸引了来自世界各地的黑客和开发者。在活动中，他们需要在 24 小时内对特定产品进行改良或开发。

黑客松期间，现场会源源不断地提供能量饮料，工程师们则会在睡袋中小憩，然后继续埋头编写代码。24 小时后，所有团队都会在评审员和观众面前展示他们的成果。

以 2010 年黑客松活动中诞生的群组消息服务“GroupMe”为例，其在次年 8 月被 Skype 以 4300 万美元的价格收购。这种在 24 小时内开发出的服务，在短时间内取得巨大的成功，并以惊人的金额被收购的案例，不就是“美国梦”的完美体现吗?

在 24 小时的有限时间内，团队必须集中精力完成一个项目，这需要极强的专注力，同时能带来显著的成果。

黑客松活动不仅限于计算机编程领域，各公司的团队都可以组织这类创意活动。无论制定商业提案还是推进业务改革，在这种脱离日常工作的非常规环境中，团队必定能催生全新发现并增强凝聚力。

优秀企业的站立会议

大家每天花在会议上的时间大约有多少？每周参加多少

次会议呢？

根据企业技术综合研究所对工程师进行的调查显示，受访者平均每月参加 6.2 次会议，每次会议的平均时长为 79.3 分钟，相当于他们每月在会议上花费的时间为 508 分钟。其中，参会次数最多的人每月开会 30 次，而最长的一次会议竟然持续了 360 分钟。

然而，尽管会议的次数和时间都很多，但会议的内容却显得很单薄。据说，有超过一半的人表示，会议内容有一半以上是多余的。究其原因，很多会议内容其实通过电子邮件或论坛交流就能解决，更何况很多会议是例行公事，缺乏明确的目的。

我们公司全体员工均需填写工时管理表，因此我能够获取精确的数据。以 2012 年 4 月份的数据为例，开发类员工的会议时间占总劳动时间的比例约为 12%。如果按每月总劳动时间 160 小时来计算，相当于每月花费了 19 个小时的时间在会议上。这个比例比平均水平高出近一倍，着实需要反思。

当工作中会议占比达到如此高的程度时，提升会议效率就成为一个非常重要的课题。我们应当思考：是否可以减少会议的次数？如果无法减少，那么是否可以缩短每次会议的时间？

为了减少会议次数，我们首先需要重新审视会议的目的。是否因例行会议的惯性，在缺乏明确目标的情况下盲目召开会议？此外，对于那些因相似目的分别召开或者内容重复的会议，应该果断取消。经过一段时间，“为开会而开会”的惯性心态也会逐渐改变。

为了缩短单次会议的时间，我们首先要打破“会议＝一小时”这一固有观念。在公司内部会议中，应该明确指定计时负责人，通过营造紧张感来推动会议高效进行。与客户的洽谈另当别论。

谷歌便以在会议中用投影仪显示大型计时器而著称。此外，他们还经常组织以 5 分钟或 10 分钟为单位的小型会议。与按小时进行的会议相比，这种方式更加灵活，有助于高效产出成果。

我所在的公司规定，每次会议都必须提前发布议程。这样一来，我们在会议过程中就不需要再纠结流程，也不用长时间苦思冥想解决方案。参会者可直接围绕议程交流意见，从而高效推进会议进程。

此外，我们办公室的墙壁几乎全部是白板，这样的环境方便随时发起小型会议。如果是站在白板前的、由几个人进行的小型会议，通常 10 分钟左右即可结束。如果是在会议室里坐着开会的话，可能需要花费一个小时。

《钻石周刊》[①]（2003 年 1 月 18 日）曾经刊登过一些低效会议的典型案例，我们可以作为参考。

- “不行”等消极意见很多。
- （会议）像是一个人的独角戏，一个人讲话的时间过长。
- 无视上次会议的结论。
- 缺乏“这是最后一次讨论”的严肃性，总是把结论推到以后再说。
- 本应限制参会人数，但实际人数过多。
- 会议被嗓门大的人所主导。
- 根据职位顺序就座。
- 会议只停留在报告层面，报告人没有提出积极且具体

① 日本的一本商业杂志。——译者注

的建议。

- 资料的讲解时间过长。

那么，大家的公司是什么情况呢？有没有低效会议呢？

6 小时专注工作制

运营日本互联网时尚购物网站“ZOZOTOWN”的 ZOZO 股份有限公司实施的一种新的工作方式引起了广泛关注，这种工作方式被称为“六时劳”。“六时劳”是一种工作模式，即员工早上 9 点上班，全程专注工作且不设午休，下午 3 点下班。不过，没有午休并不意味着不能吃饭，大家通常会一边工作一边吃三明治。

此外，由于整体工作时间缩短，公司彻底重新审视和优化了业务流程，消除了无谓的时间浪费。这正是“六时劳”的关键所在。

在公司中，诸如开会一个小时、定期会议和晨会、报告必须遵循规范格式等固定观念都受到了彻底的挑战。

通过集中工作并提前下班这种工作模式，员工可以利用这些宝贵的时间去接孩子、和同事一起运动、在工作日看电影或去美容院、参加课外班等，享受更为丰富的生活。而且，与 8 小时工作制相比，薪资并无变化。

另一方面，对于公司而言，由于不需要支付加班费，员工还能够更加专注地工作，整体效率也得到了提高。我认为，这是对劳资双方都非常有利的制度。

实际上，Start Today 公司[①]在采用这种新型工作方式后，生产力提升了 25%，他们在电视节目中自豪地分享了这一成果。

然而，为什么是 6 小时呢？ 5 小时或 7 小时似乎也可以。事实上，根据日本的劳动基准法，若连续工作时间超过 6 小时，企业必须安排至少 45 分钟的休息时间。这也是 ZOZO 股份有限公司为何选择 6 小时工作制的原因。

因此，员工集中精力连续工作的时间是 6 小时。如果在

① 主要从事电子商务和时尚购物网站运营，旗下最知名的品牌是时尚购物网站 ZOZOTOWN。

中间插入休息时间，专注力就会迅速下降（大家应该也有过午餐休息后，下午要花些时间，才能重新进入状态的经验吧）。插入休息时间不仅会打乱工作节奏，还会使工作时间变得更长。

如今，生活方式日趋多样化，工作方式也呈现出个性化的差异。有时，长时间的拖延工作不仅难以保持专注力，生产力反而会下降，还会产生加班费，这对员工和公司来说都没有好处。

Start Today 自创立之初，便率先将标准工作时长从 8 小时缩减至 7.5 小时。随后推出的“六时劳”政策，更是勇于突破，将工时再缩短 1.5 小时。我期待未来有更多企业积极推动这一高效、专注的全新工作模式。

弹性制度与远程办公

为纪念创刊 20 周年，《日经 Woman》杂志于 2008 年进行了“女性友好企业 100 强”的独立调查并发布了结果。在那次调查中，宝洁株式会社被评为 100 强中的第一名。

宝洁一直以来都是各类“最佳职场”榜单的常客。为了适应员工的多元化需求，该公司构建了一套灵活的人事制度，使员工能够选择更符合自身需求的工作方式。

例如，弹性工作制度，允许员工在核心工作时间之外自由选择适合自己的工作时段；每周一次的远程办公制度，让员工在需要专注时可以在家工作。此外，还有活力生活计划，帮助员工进行专注力训练和自我压力检测，提升身心健康与工作效率。

对于女性而言，理想的职场是能够提供工作与生活平衡支持体系的场所。这些公司助力员工在育儿、照顾家庭、老人护理或继续深造等多个方面，实现工作与生活的平衡。

近年来，越来越多的企业开始推行远程办公。该制度不仅适用于需要育儿或赡养老人的员工，还能助力那些希望减少通勤时间、在宁静环境中专注工作的员工提升工作效率。目前，远程办公主要采取每周一次、需提前审批的运作模式。

作为企业经营者，我认为远程办公并不太适合我。然而，在 2011 年 3 月大地震发生时，所有员工不得不转为远程办公，因此我也在家工作了一段时间。那段时间，我深刻体会到远程办公的高效，甚至感到惊讶——工作的进展竟然如此顺利！没有多余的交流和干扰，我能够全身心投入到自己的工作中，效率因此得以显著提升。当然，在需要时我们依然会召开会议进行沟通。

我们还使用了在线聊天和视频会议。尽管相比面对面交流，音质和画面质量稍显生硬，但每位与会者都更加专注，认真倾听对方的表达。这种沟通方式反而让会议氛围更加融洽，让会议效率更加高效，比传统会议更具吸引力。

当然，在特殊环境下进行远程沟通确实会让人感到疲惫。然而，这种疲惫主要源于与往常不同的紧张感以及高度集中的精神状态，而非仅仅源于压力。

未来，随着在线聊天和视频会议的普及，前往公司办公的必要性将受到更多挑战。能够通过互联网共享的内容会越来越多，而真正需要面对面协作的工作则会被更加精细地筛选和定义。

本质上，只要能够产出成果，工作的地点并不重要。在这种情况下，真正关键的或许并不是人事制度或审批流程，而是公司对远程办公员工的信任。

苹果如何凭借专注力锻造极致产品

作为苹果公司的创始人、全球罕见的传奇型企业家，史蒂夫·乔布斯被赋予了众多不同的标签。他是改变我们生活方式的伟大发明家，是将精致与时尚融入计算机领域的杰出创意人，是毫不妥协的严苛领导者，也是能让听众为之着迷的卓越演讲者…… 关于乔布斯的评价众说纷纭，而在我看来，他是“极简之王”。

苹果公司的产品无一例外都极具时尚感。

然而，优秀的设计并不只是品位出众或华丽装饰的堆砌，而是在最理想的状态下呈现事物的本质，并彻底剔除一切多余元素。去繁就简，使所有细节井然有序，这才是极致之美。

苹果公司负责工业设计的副总裁乔纳森·伊夫（Jonathan Ive）在接受美国网站 Lifehacker 采访时这样说道：

创造更好的产品意味着创造新的事物，而创造新的事物必然伴随着前所未有的课题与挑战。要解决这些问题，需要极高的专注力。在追求细节的同时保持积极的态度，这种状态并不常见。很多公司的高管更关注成本、进度，或者为了博眼球而制定的浮夸的营销目标，但这些并不是真正重要的东西。这些只是缺乏用户视角、以公司自身利益为导向的目标罢了。

在苹果公司，由各领域专家组成的小团队通过深入探讨，逐步推进产品设计。他们会投入大量的时间打磨每一个微小的细节，以精益求精的态度不断优化解决方案。

最终的目标就是追求极致的简洁。乔纳森·伊夫认为，真正的“简洁”意味着让人无法想象它还能以任何其他形式存在。

如果其他公司也尝试生产与苹果产品功能相似的产品，结果会如何呢？很可能这些产品会布满繁杂的按钮，并附带一本厚重的操作指南。各个部门各自为战，零件和外壳被勉强拼凑在一起，最终产品可能会显得极其笨拙且缺乏协调感。

苹果公司凭借极高的专注力，将复杂且零散的设计元素精炼整合，最终呈现出极致简洁的产品外观。

人类天生倾向于选择简洁的事物。如果有多个选择，我们通常会选择最简洁的那一个。

然而，简洁并不等于简单。无论产品，还是工作方式、组织结构、公司战略等，都会在不加以控制的情况下迅速变得复杂。事物的熵总是自然趋向无序，并不断扩散。

正因如此，为了保持事物的简洁性，必须付出大量的精力。在苹果公司，正是因为高层领导是简洁理念的坚定信徒，才使得这一目标得以实现。

不是教，而是学

当进军美国职业棒球大联盟的日本球员被问道“日本职业棒球与大联盟最大的差异是什么”时，多数人提到“教练指导”。

所谓教练指导，是发现球员的课题与优势，并引导其走向正确方向的过程。这里所说的“指导”，并不是直接教授，而是通过提供支持，帮助个人自主地达到目标。

在日本，教练通常会说：“这样做会更好、再多做些这样的训练。”而在美国，教练则会说：“你在这方面做得很好，要继续加强或拓展。”令人意外的是，这种差异也反映了两国文化之间的巨大差异。

彼得·德鲁克曾在一生中遇到过两位优秀的老师——埃尔莎和佐菲。他曾这样评价她们：“她们都能理解学生喜欢做的事情和擅长的领域，并在此基础上提供支持，帮助学生发展这些能力。”我认为，这正是教育的本质所在。

世界上几乎所有国家的教师都被认为是“教学专家”。这是理所当然的，因为很多人都认为教师的职责就是教授，并且对此深信不疑。从这个意义上讲，专业的教师应该不断思考、探索和改进，以便找到更有效的教学方法。

然而，人类天生就具备“学习”的本能。我们拥有自我学习的能力，这是人类的特质。因此，要激发人类的潜力并促进其成长，关键在于为“学习”提供支持，而非单纯的“教导”。在课堂上，真正的主角不是教师，而是学生本人。

在日常的工作环境中，情况也是如此。当我们向下属或新员工传授工作方法时，通常我们会采用指导的方式。当然，简单的任务或规则是可以传达的。

然而，单纯的教导无法培养人们的应变能力。即使已经学到了某些知识，当遇到新问题时，人们仍然会陷入思维僵局。无论多么详细的手册，它涵盖的范围也是有限的。

能够出色完成工作的人与擅长管理的人存在显著差异。作为卓越的执行者，那些能干的人才在目睹下属的工作方式后，往往会萌生“自己动手会更高效”的念头，进而不由自主地介入其中。

然而，擅长管理的人善于发现下属的强项和潜在能力，并帮助他们充分发挥和不断提升。这类管理者关注的重点不是自己如何做得更好，而是根据成员的职位和所处阶段提供针对性建议。在这一过程中，自己的能力是否足够或是否有所提升并不重要。重要的是始终把重点放在提升下属的能力上。

想要提升团队或组织的成果，管理者就必须从教导模式转向学习模式。要以学习者为主角，帮助他们意识到自己能在多大程度上发挥特长，为团队或组织做出贡献，并引导他们朝着正确的方向发展。

组织是由个体构成的。若这些能够自律学习的个体聚集在一起，那么该组织将变成一个非常强大的组织。正如德鲁克所言，这样的组织堪称“自律的最大化成果”的典范。

本书问答小结

很多成功人士拥有蒙台梭利教育的学习经历，这难道仅仅是巧合吗？

这并非巧合。事实上，蒙台梭利教育的核心在于“自律”与“专注”，尤其是专注对人的影响，远比我们认为得更加深远。因此，蒙台梭利教育引导孩子从小就要做到专注。当然，如果其他教育方法也能够提供类似的机会，理论上也可能产生相似的效果。

成功人士所需要的不仅仅是专注力，对吗？

当然，光靠专注力还不足以确保成功。然而，从创造力到逻辑思维，一切能力的根基都在于专注力。如果不先培养专注力，就急于学习各种技巧，那么无论天赋多么卓越，倘若缺乏专注力，那根本无法真正将其发挥出来。

应该如何选择专注的对象?

人生中，专注的经历是通向成功的基石，决定了一个人的未来。专注的对象可以是玩耍、学习或任何其他事物，重要的不是做什么，而是怎么做。能够全身心投入、沉浸其中，并不断追求一个目标是关键。这种专注的状态，最终会深入到人的生活中。能够掌控专注力的人，能够把这种专注力延伸到工作中，最终获得成功。

挑战的目标难度越高越好吗?

引发专注体验的挑战，关键在于目标难度与个人能力之间的平衡。目标太简单会让人感到无聊，而目标太难则让人容易放弃。所以，最初设定一些能够轻松达成的目标非常重要。例如，正是通过最初连续获胜带来的成就感，让羽生善治逐渐沉浸于围棋的世界中。理想的目标设定方式是：短期目标稍微降低一些难度，而长期目标则适当提高难度，以此实现成果最大化。

目标由公司制定，自己无法选择该怎么办?

来自外部的奖励、强制、竞争和评价带来的专注力，往往是短暂的。更糟糕的是，它们会明显削弱个人的内在动机。如果真心想取得成果，个人应该主动投身于任务和目标。如果销售目标是公司制定的，那么我们可以在执行过程中为自己设定目标。不要为了薪资或名声而努力，而要为了自己内心的胜任感（自信）去挑战这些目标。

“专注力的螺旋”是指什么？

这是一个让人感到幸福和自信的行动循环。将专注力融入生活的良性循环的路径是：“发现挑战机会→自主且专注的体验→通过成就感收获幸福→实现心智与技能的成长”。不断重复这一过程，便形成了正向循环。当你掌握了以专注体验为核心的成长循环时，就能将你的专注力全部投入到某个特定目标上。在人的成长引擎中，专注力的螺旋是最不可或缺的。

我已经40岁了，现在培养专注力是不是太晚了？

我已经47岁了，依然认为自己有很大的提升空间，始终在不断地锻炼与成长。专注力并非天赋，而是一种即便成年后也能增强的技巧。人类终其一生，都可以根据目标改变大脑的结构（这就是所谓的可塑性）。只要不放弃，我们完全可以用一生来磨砺与提升专注力。

即使努力集中专注力，但很快就走神了……

最开始时，我们应该在短时间内深度专注，之后逐渐延长专注的时间。专注力等于专注深度乘以专注时间，因此如果我们没有达到一定的深度，便无法取得成效。首先从深度专注开始，然后逐步增加专注时间。刚开始可以从几分钟开始，通过训练，如果能在 10 ~ 15 分钟内保持深度专注，接下来只需找到自己的节奏，就能实现更长时间的专注。我个人认为，15 分钟是专注的基本单位，我的一天便是以 15 分钟为单位来安排专注的节奏。

会不会因为过于专注而忽略整体情况或战略呢？

专注力有两种模式。若想兼顾整体，关键在于适时切换两种专注模式：一种是从诸多事物中聚焦某个点的“焦点专注”，另一种是同时关注整体各部分的“分散专注”。对于管理者和领导者而言，既需关注细节，又要具备全局视野，这一点尤为重要。就像顶级足球运动员在传球时，既要控制自己的动作，又要留意队友的跑动——这便是两种专注模式协同作用的绝佳例证。

专注力仅靠锻炼大脑就能提升吗？

专注力的提升需以“心技体”为基础。专注并不是单纯依靠大脑就能完成的技巧，而是需要稳定的精神与健康的身体作为支撑。身体状况不佳会导致将棋比赛失利，心态不稳会使棒球选手在赛场上无法正常发挥。若想保持专注力，平时需要进行适量的运动、合理的饮食调控以及调整心态的心理训练。对于那些容易心烦意乱的人来说，呼吸法也是值得推荐的有效方式。

我有太多事情要做，根本无法专注于一件事!

去掉多余的东西，设定简单的目标吧。不要什么都想做，先将精力聚焦于你认为最重要的事。人的精力无法同时兼顾多件事，若连一件事都做不好，又怎么能完成其他事呢？那些习惯全盘接手的人，常常陷入每个项目都半途而废的困境。有时候，我们需要勇气舍弃除了最重要的事情之外的一切。这样才能真正专注，做出成果。

难道不应该设定一些难以达成的目标吗?

即使目标本身看起来难以实现，我们也要尝试将其分解。无论目标多么宏大、复杂，拆解后的每一个步骤往往都会成为简单的小任务。当我们将大目标拆解成今天就能完成的小任务时，就会发现它变得更容易应对了。这样一步步前进，我们就能把看似宏大的目标转化为一个个清晰可执行的小步骤，进而稳步走向成功。

对于高效工作而言，多任务处理不是更好吗?

事实上，摒弃同时处理多项事务的模式，专注于一件事，这是提升专注力的关键。人的工作记忆容量有限，无法真正做到同时专注于多个任务。所谓的“多任务处理”只有在空闲时间，或者依靠电脑等工具，将部分流程自动化时才可能实现。但在需要自己思考的工作中，多任务处理不仅会降低效率，还会影响思维的深度。因此，想要真正集中注意力，最好的方式就是一次只专注于一件事。

真的可以享受任何工作吗?

能把自己喜欢的事情当作工作的人毕竟是少数，但任何人都可以学会喜欢自己的工作。如果是富有创意的工作，享受其中并不难，因为人类天生就喜欢创造。但即使简单的重复性工作，也可以通过尝试提高效率、优化流程，或者设定可衡量的成果来增加挑战感，让自己在其中找到成就感和自信。换个角度看待工作，或许就能发现其中的乐趣和意义。

所以，重要的不是去寻找有趣的工作，而是在工作中发现乐趣。

我总是提不起劲，很难全身心投入……

像乔布斯那样对着镜子思考“如果今天是人生的最后一天”确实是一种提高专注力的方式。然而，更简单的方法是：无论个人目标还是工作任务，都要设定“截止日期”，并告知他人。专注往往在有截止日期的情况下才能得以实现。一旦公开承诺了完成时间，你便会有压力，这种压力迫使自己采取积极行动。如果你容易松懈，那么适当地制造紧迫感，反而能提高执行力和专注度。

结 语

从母乳难题到蒙台梭利教育的底层逻辑探索

我对幼儿教育项目怀有浓厚兴趣，其实背后还有一个重要原因。

事实上，在我撰写上一本书期间，我的孩子出生了。虽然我的孩子是一个健康的宝宝，但我在育儿的初期阶段遇到了一些难题。最让人焦虑的是妻子母乳分泌不足。第一次哺乳时，我们努力了很久，却只能挤出几滴母乳。

我对此感到十分困扰，开始四处寻找能为妻子提供母乳按摩服务的地方。此前，我在电视节目中见过类似的案例。节目中介绍了一种名为“桶谷式”的按摩方法，由一位拥有

“神之手”的专业助产士操作。这位助产士凭借独特的按摩技巧，帮助许多母乳不足的新手妈妈解决了困难，让母乳得以顺畅分泌。

“桶谷式”按摩方法是由助产士桶谷外美发明的。在第二次世界大战期间，她在中国东北地区积累了相关经验，战后回到日本，她将这套促进母乳分泌的方法进行了体系化梳理。在战后营养条件欠佳的大背景下，该方法通过乳房按摩帮助母乳不足的母亲实现了高质量母乳喂养。来自全国各地的助产士纷纷前来学习这一方法。截至目前，这个组织已发展成为一个拥有 270 个育儿咨询室的全国性组织。

我查找了妇产医院附近是否有提供类似服务的助产士，幸运的是，我找到了一间经验丰富的母乳育儿咨询室。经过咨询室助产士的指导，妻子的乳腺通畅了，儿子也因此得以享受到母乳喂养的益处。

在妻子进行母乳喂养咨询期间，负责的助产士向我们推荐了一种幼儿教育方法——蒙台梭利教育法，这种教育法正是谷歌的两位创始人曾接受过的教育方式。这个教育体系不仅旨在培养天才，更着重于“引导孩子自主设定目标，并让他们体验达成目标后的喜悦”。我认为，这种理念与我心目中的理想教育理念高度契合。

作为一名企业家，同时也是知识生产技术的研究者，我在观察许多成功的商界人士时，有一个深刻的感悟：学业成绩和天才教育并不是商业成功的必要条件。我所见过的成功人士，他们都有自己理想中的世界。他们通过设定目标并不断成长，逐步迈向成功。本田宗一郎中学时期便辍学，松下幸之助小学辍学后专注于插座的制作。由此可见，学历并非实现梦想的必要条件。

那么，为了实现梦想、获得成功，我们究竟需要做什么呢？

我偶然了解到的这个幼儿教育的基本规则，这个规则深深地打动了我，因为它与我认为“作为商界人士最重要的素质”高度契合。在为妻子提供母乳育儿咨询服务的助产士的推荐下，我如饥似渴地阅读了几本参考书籍，力求从中汲取精华。

在亲身经历育儿的点点滴滴，并持续撰写这本书的过程中，我始终在思考：孩子们究竟应该具备哪些能力？哪些体验和技能能够引领他们走向成功？经过反复的思索与实践，我最终得出了一个结论——我最初的直觉是正确的。在众多技能中，“自律”和“专注”是最重要的基石。它们能够帮助一个人在面对困难时，拥有解决问题的关键能力。

当然，本书的核心目的并非建议读者将蒙台梭利教育直接用在自己孩子身上。其主旨在于探讨蒙台梭利教育的底层方法论——这些方法不仅适用于幼儿教育领域，也能为成年人，尤其是商界人士和组织领导者提供借鉴与启示。这是本书的主旨所在。

关于对蒙台梭利教育本身的评价，若有机会，我会基于亲身育儿的实践体验，再进一步深入接触与探究。

Top 1% no hito dake ga jissen shite iru shuchuryoku method by Nagata Toyoshi

ISBN：9784761269463

First published 2013 by Kanki Publishing Inc.

Chinese（in Simplified character only）translation rights arranged with Kanki Publishing Inc., through BARDON CHINESE CREATIVE AGENCY LIMITED, Hong Kong.

北京阅想时代文化发展有限责任公司为中国人民大学出版社有限公司下属的商业新知事业部，致力于经管类优秀出版物（外版书为主）的策划及出版，主要涉及经济管理、金融、投资理财、心理学、成功励志、生活等出版领域，下设“阅想·商业”“阅想·财富”“阅想·新知”“阅想·心理”“阅想·生活”以及“阅想·人文”等多条产品线，致力于为国内商业人士提供涵盖先进、前沿的管理理念和思想的专业类图书和趋势类图书，同时也为满足商业人士的内心诉求，打造一系列提倡心理和生活健康的心理学图书和生活管理类图书。

《拆解一切故事写作》

- 新手写作快速入门，从灵感碎片、情节设置、人物塑造到成功结尾手把手传授写作技巧，铲除写作过程的每个问题。
- 帮助读者掌握有效构建的故事的技能，学会打造精彩好看的故事。

《学习力脑科学》

- 北大脑科学专家陈立翰老师倾心之作。
- 一套经科学验证、系统训练学习型大脑的实用方法，教你如何逆袭成学霸。

《高速阅读法：用学到的知识改变人生》

- 出版 5 个月，热销 10 万册！日本脑科学研究者独创、改变无数人命运的高速阅读法，中文版首次面世。
- 风靡日本，出版即登顶亚马逊、丸善文教堂书店、乐天图书畅销第一名！
- 通过高速阅读法，不仅能快速读完一本书，更重要的是可以有计划地阅读任一领域的书籍。借助短时间内阅读多本书籍，快速掌握该领域的相关技能，进而实现个人成长。

《思考整理术：给思路胜过给方案》

- 20 年商业咨询经验精华提炼的呕心之作。
- 一种“不必给出解决方案，却能轻松消除对方的烦恼和困惑”的全新沟通方法。
- 沟通的重点，其实不是讲通你的道理，而在于疏通对方的思维。
- 4 个步骤、7 个着眼点、5 种图示，轻松实现高效沟通和无痛交流。